LE TOUR

DE MARNE

Imp. Clerc, imprimeur
Benoit & Cie Paris

LES TIREURS DE SABLE

à la Varenne

Photographié par Ildefonse Rousset.

LE TOUR
DE MARNE

DÉCRIT ET PHOTOGRAPHIÉ

PAR

ÉMILE DE LA BÉDOLLIÈRE

ET

ILDEFONSE ROUSSET

PARIS

A. LACROIX, VERBOECKHOVEN ET Cⁱᵉ

LIBRAIRIE INTERNATIONALE

15, Boulevard Montmartre, 15

—

M DCCC LXV

INTRODUCTION.

« Et moi, je vous soutiens, s'écria un artiste, qu'il n'y a rien aux environs de Paris de plus admirable que le tour de Marne! »

Ainsi se terminait une conversation prolongée sur les paysages du département de la Seine. Ildefonse Rousset & moi, qui l'avions entendue, nous aurions voulu demander compte à l'artiste de sa conclusion; mais il avait disparu, en nous lançant, pour ainsi dire, le trait du Parthe.

1

« Qu'est-ce que c'est que le tour de Marne? » demandai-je
à mon ami.

Il m'avoua qu'il n'en savait absolument rien ; mais il me
promit de prendre des renseignements.

J'avais complétement oublié cet incident, lorsque plusieurs
mois après, Rousset vint me réveiller.

« Eh bien! me dit-il, es-tu prêt?

— A quoi?

— A faire le tour de Marne, parbleu!

— Tu sais donc ce que c'est?

— Voilà trois mois que je l'étudie! C'est merveilleux!
La Marne, à partir de Joinville jusqu'à Gravelle, décrit des
méandres qui n'ont pas moins de quatorze kilomètres, & qui
baignent une presqu'île très-étroite à sa naissance. Sous la
Restauration, des ingénieurs eurent l'idée d'épargner à la
batellerie ce long & difficile parcours, & ils réunirent Joinville
à Gravelle par un canal qui n'a guère plus d'un kilomètre de
longueur. Les bateaux & les trains de bois qui viennent de
la haute Marne s'arrêtent maintenant entre Joinville & Saint-
Maur. Là ils s'engagent dans un souterrain de cinq cent
quatre-vingt-quinze mètres; ils débouchent dans un bassin
spacieux, &, après avoir franchi une écluse d'un seul sas, ils
se retrouvent tout près de l'embouchure de la rivière. Ils ont
accompli en moins d'une heure une traversée facile, tandis que
l'ancien parcours leur prenait quelquefois plus d'une journée
& les exposait à de graves dangers, en raison des brusques
sinuosités de la rivière & de ses nombreux récifs.

— Ainsi, le tour de Marne est donc le trajet qu'évite avec
soin la navigation commerciale?

— Précisément, & c'est en cela qu'il est devenu cher
aux artistes & aux canotiers, maîtres sans conteste d'une
rivière charmante, semée d'îles dont la végétation rivalise

avec celle des tropiques, bordée de villas riantes & dominée
par des coteaux d'où la vue embrasse un immense horizon.
De grands arbres se reflétant dans l'onde qui baigne leurs
pieds, des forêts de roseaux empanachés, des multitudes de
plantes aquatiques, donnent aux bords de la Marne, épargnés
par les chemins de halage, l'aspect d'une nature vierge, dont
la civilisation a laissé bien peu d'échantillons, surtout aux
environs des grandes villes.

— Cette description sommaire me charme, dis-je à Rousset; ne te laisses-tu pas entraîner par l'enthousiasme?

— Juges-en, » répondit-il.

Et il mit sous mes yeux un album d'admirables photographies qui reproduisaient quelques-uns des sites enchan-
teurs du tour de Marne.

« Je pars avec toi! m'écriai-je; je serai ton *fidèle Achate;*
mais celui qui a commencé cette magnifique collection doit
éprouver le désir de la compléter. Il faudra que le photographe soit du voyage. Tu le connais?

— C'est moi-même, sans nulle vanité.

— Toi! je te croyais livré à de tout autres occupations.

— J'ai toujours aimé, reprit Rousset, l'assolement dans
les travaux. On se délasse de l'un par l'autre; or en est-il un
plus récréatif que celui de reproduire instantanément les
paysages ou les figures dont vos yeux sont frappés? Le tour
de Marne m'a tellement ravi, que j'ai voulu communiquer
mes impressions à tous les amis de la nature luxuriante &
poétique. Le dessin, la gravure, exigeaient des talents que je
possède peu, ou même que je ne possède pas, & entraînaient
des lenteurs qui ne répondaient pas à mon impatience. Ils ont
d'ailleurs l'inconvénient de trahir parfois la vérité, tandis que
l'image photographique, si elle est prise en temps opportun
& si la production en est entourée de tous les soins minutieux

qu'elle nécessite, rend exactement les objets. Et voilà pourquoi je fais de la photographie!

— Tes coups d'essai valent des coups de maître.

— Le public en jugera. Ce ne sont pas des compliments
que je te demande, c'est ta coopération.

— Je te l'accorde bien volontiers; mais en quoi consis-
tera-t-elle?

— A m'accompagner dans mes excursions sur les bords
de la Marne; à écrire l'histoire de la presqu'île; à recueillir
tous les faits qui peuvent offrir quelque intérêt; à décrire enfin
une belle contrée qui est à nos portes & que bien peu de
personnes connaissent. Combién vont au loin à grand renfort
d'argent & de peine pour visiter des sites moins pittoresques
& moins variés! Tu auras la gloire d'avoir fait cette découverte.

— Soit! je m'embarquerai avec toi. Quand comptes-tu
partir?

— Dès demain, si cela ne te contrarie pas. Mon embarcation est dans le grand bassin de Gravelle. Mon équipage
s'y trouvera demain à sept heures précises du matin.

— Sept heures : c'est bien tôt. N'importe! j'y serai. »

Et dès le lendemain nous commencions notre expédition.

———ɜɔɛ———

LE LEVER DU SOLEIL

Vue prise du Pont de Charenton

Photographié par Ildefonse Rousset.

LE

TOUR DE MARNE

⸺ ❍ ⸺

CHAPITRE PREMIER.

LE CANAL DE SAINT-MAUR.

L'aube naît. — L'Hélioscaphe. — Les hommes d'équipage. — Le petit caporal de la Marne. — Minoteries Darblay. — Soif inextinguible de la ville de Paris. — Le canal de Saint-Maurice. — Le kiosque de Gravelle. — Le restaurateur Robert. — Le canal de Saint-Maur. — Le barrage. — Excursion en amont.

Ce jour-là, j'eus la satisfaction de me croire vertueux, car pour la première fois depuis longtemps je vis lever l'aurore. Au moment où je suivais pédestrement la route qui, partant de Bercy, traverse successivement Conflans, les Carrières, Charenton, Saint-Maurice & Gravelle, les premières lueurs du soleil faisaient, entre les noires silhouettes des rives, ressortir la Seine & la Marne comme deux rubans d'argent.

Quand j'arrivai au pont de Charenton, les rayons de l'astre étincelant s'épanouissaient dans le ciel.

Je trouvai Rousset à son poste, en train de photographier, — qu'on me passe ce néologisme, — tout ce qui était

2

photographiable. En l'apercevant, je ne pus m'empêcher de
lui chanter avec variante ce refrain de *Robin des Bois* :

> Photographe diligent,
> Quelle ardeur te dévore?
> Tu pars, dès l'aurore,
> Le cœur content...

Notre embarcation n'avait rien de commun avec le canot
vulgaire, & elle eût entrepris, sans aucune chance de succès,
de joûter dans les régates de la Varenne-Saint-Maur ou
d'ailleurs. C'était une chaloupe un peu massive, construite
solidement & de façon à être peu sensible aux oscillations
des flots. A l'arrière était une vaste cabine de planches &
d'étoffes dont la forme faisait parfois dire aux passants arrêtés
sur la rive : « Tiens! le théâtre de Guignol qui va sur l'eau! »
Ce mystérieux abri était le laboratoire du photographe ; c'était
là qu'il préparait dans l'ombre ses plaques de verre, qu'il
manipulait le collodion, le nitrate d'argent & l'hyposulfite de
soude. Le local, encombré de bouteilles, de fioles, de creusets,
de récipients en verre ou en argile, avait l'aspect d'une de ces
officines d'alchimiste qui revivent dans quelques tableaux des
maîtres flamands, & notamment de David Téniers.

Véritable alchimie en effet! alchimie que n'avaient devinée
ni Raymond Lulle, ni Brandt, qui découvrit le phosphore!

Quelques produits chimiques sont amalgamés.

Une transmutation cabalistique s'accomplit à huis clos.

L'opérateur, qui tout à l'heure cherchait avidement les
rayons du soleil, s'en défend avec non moins d'empressement.

Car la lumière qui a mordu sur la plaque anéantirait en
un clin d'œil la gravure qu'elle vient de créer. Le soleil est
comme Saturne, il dévore ses enfants.

Le photographe s'enferme, fait autour de lui l'obscurité,

comme l'alchimiste du moyen âge; il consent, par amour de l'art, à respirer des émanations délétères, à se noircir les doigts au contact de substances corrosives, & de sa cachette ténébreuse il sort triomphant, un chef-d'œuvre à la main!

C'était à l'arrière de sa chaloupe, dans cette cabine pareille à un théâtre de marionnettes, qu'Ildefonse Rousset avait obtenu les épreuves qui m'avaient émerveillé.

Son embarcation s'appelait l'*Hélioscaphe;* son équipage se composait de deux hommes : le jeune Charles, apprenti photographe, sachant au besoin manier l'aviron; le vieux Gabriel, doyen des mariniers & des pêcheurs de la Marne. De même que Vénus, avec laquelle du reste il n'avait aucune ressemblance, Gabriel avait dû sortir du sein de l'onde. Nourri sur la rivière, il en connaissait les détours. Point d'îlot, de roche, de récif, de bosse, dont il ne sût le nom, & il pouvait raconter les légendes qui s'y rattachaient. Le fond ténébreux & tourmenté de la Marne, où les gouffres sans fond — terreur des nageurs — succèdent incessamment aux roches sous-fluviales, — désespoir de la batellerie — n'avait aucun mystère pour Gabriel. Les yeux constamment dirigés vers l'eau mugissante, on aurait pu croire qu'il exerçait une puissance magnétique sur les naïades de l'endroit, & qu'il les forçait à lui indiquer l'emplacement des bois & des objets qu'il s'occupait parfois à repêcher, ou bien à lui révéler la résidence des juennes, des barbillons, des brochets, des anguilles ou des lottes, qu'il était toujours certain de trouver au bout de sa ligne quand il la lançait d'une main assurée. Lorsqu'il n'était pas à bord, Gabriel avait l'habitude de se tenir sur la rive, les bras croisés, & contemplant la rivière, son empire. Les pêcheurs, les bateliers de l'endroit, l'avaient surnommé le *Petit caporal* de la Marne.

Au sud du bassin où stationnait l'*Hélioscaphe* étaient les

anciennes minoteries de MM. Darblay & Béranger. Longtemps elles ont fourni aux Parisiens la meilleure des farines;
mais l'insatiable ville de Paris, ayant aperçu la nappe qui
alimentait ces usines, s'est senti l'eau venir à la bouche; elle
a résolu de l'absorber. M. Darblay s'est incliné devant les
désirs de la haute & puissante dame. Pour ne pas perdre les
fruits de longues études & de perfectionnements multipliés,
il a transporté aussitôt à Corbeil l'admirable outillage qui
faisait des moulins de Saint-Maur une des merveilles de l'in-
dustrie, & les turbines de ces vastes minoteries mettent aujourd'hui en mouvement de formidables pompes aspirantes.
L'eau de la Marne, attirée par une force irrésistible, monte
dans des tuyaux où un homme passerait sans peine, & va
former, à quarante mètres au-dessus de son point de départ,
des lacs, des ruisseaux & des cascades qui embellissent le
nouveau bois de Vincennes. D'ambitieux poissons, qui rêvent
une position élevée, profitent de l'occasion pour quitter leur
berceau; les imprudents! ils ne trouveront pas là-haut les
longues herbes, les grottes sombres sous lesquelles s'abrita
leur enfance, & les soldats désœuvrés de la garnison les
attendent, armés de lignes meurtrières.

Au nord du bassin s'embranche le canal Saint-Maurice,
qui abrége la distance entre Gravelle & Charenton, & complète, au profit de la navigation, l'œuvre commencée par le
canal de Saint-Maur. Les ateliers nationaux l'avaient ébauché
en 1848. Il a fallu, pour établir ce nouveau canal, combler de
petits bras transversaux, réunir plusieurs îles en une seule;
mais ces travaux touchent à leur fin, & bientôt la marine
prendra ce chemin, laissant solitaire & calme la partie de la
Marne qu'elle suit encore aujourd'hui. Le canal de Saint-
Maurice se prolonge jusqu'à la Seine.

Parallèlement à la Marne, court une autre prise d'eau

destinée à mettre en mouvement des scieries mécaniques, des forges, des laminoirs, des filatures de laine, des fabriques de boutons.

La Marne alimente toutes ces usines; elle va remplir le canal Saint-Maurice de manière à le rendre navigable en tout temps; elle fournit aux rivières du bois de Vincennes vingt-cinq millions de litres d'eau chaque jour. Les pompes, installées dans les ci-devant minoteries, quand elles seront au complet, enlèveront encore, en vingt-quatre heures, quinze millions de litres, qui seront déversés pour la consommation parisienne dans les réservoirs de Belleville & du parc Saint-Fargeau. Rivière prodigue, que de reconnaissance te doivent & te devront les Parisiens!

En promenant mes regards autour du bassin, je distinguai sur le plateau de Gravelle un kiosque soutenu par d'élégantes colonnettes. Au-dessus du campanile qui surmontait le dôme, un drapeau flottait dans l'azur du ciel.

« Qu'est-ce que cela? demandai-je.

— C'est le pavillon du restaurateur Robert, qui a fondé là-haut, sur les limites du bois de Vincennes, auprès du champ de courses, un établissement modèle.

— On y déjeune bien?

— Supérieurement, & la vue est superbe. De cet endroit on plane, comme l'oiseau dans les airs, sur une immense étendue. La Marne d'un côté & la Seine de l'autre, serpentent à travers une multitude de villas & de villages, entremêlés de bosquets & de prairies. Des convois de chemins de fer sillonnant plusieurs lignes, des usines fumantes & de longs rideaux de peupliers animent & complètent le splendide spectacle auquel on assiste du haut du kiosque de Gravelle. Rien, mieux que ce spectacle, ne peut donner l'idée d'une ascension aérostatique. Mais il ne s'agit pas de cela : en route! »

3

Et mon ami le photographe me montra la gueule béante du souterrain.

« Quel froid il doit faire là-dessous! lui dis-je; que ne montons-nous préalablement chez Robert pour nous donner des forces?

— Sybarite! si nous écoutions tes penchants gastronomiques, nous ne ferions jamais le tour de Marne. On déjeunera dans le bateau. »

Et sans me laisser le temps d'adresser au kiosque un regard d'adieu, l'embarcation s'engagea sous la voûte sombre.

C'est une traversée lugubre, pendant laquelle on se livre involontairement à de philosophiques méditations. L'eau est noire comme celle du Styx; des toiles d'araignée colossales tapissent les parois, d'où pendent des stalactites; d'infatigables chauves-souris croisent sans interruption dans une nuit sans fin. Les moindres bruits, répercutés par les échos, grossissent en clameurs menaçantes; & cela s'explique d'autant plus que, chose exceptionnelle, on trouve en cet endroit trois voies superposées. Au-dessus du canal passe une grande route, au-dessus de la grande route est le chemin de fer de Vincennes.

Pendant que nous avancions lentement au milieu des ténèbres, au bout desquelles les deux ouvertures forment des points de repère & brillent comme des étoiles de salut, une détonation formidable nous fit tressaillir.

Nous n'étions pas encore remis de notre émoi lorsque plusieurs autres détonations, plus violentes encore, ébranlèrent les voûtes. Nous fûmes tentés de croire que les deux chèmins supérieurs s'écroulaient sur nos têtes, & que la fin du monde, ou du moins celle du tunnel, était imminente.

Gabriel seul restait impassible; nous ne pouvions le voir, mais sa voix était calme lorsqu'il prononça ces mots, qui nous parurent d'abord complétement étrangers à l'événement :

SOUS UNE ARCHE DU PONT DE JOINVILLE

Photographié par Ildefonse Rousset.

« Ils n'y vont pas de main morte! Et puis, d'ailleurs, ce n'est pas de la poudre de perlimpinpin qu'ils emploient. »

Alors il nous apprit que, pour alimenter les turbines, la ville de Paris faisait creuser un second tunnel, parallèle à celui que nous franchissions, & que les ouvriers étaient obligés d'employer la mine pour avoir raison des roches de la montagne.

Malgré cette explication, quelle joie nous éprouvâmes en revoyant le soleil!

Par malheur, au moment où nous arrivions au barrage de Joinville, il n'était pas encore ouvert à la navigation.

On le tient généralement fermé, parce qu'il est destiné à élever le niveau de la Marne & à former en même temps un réservoir qui puisse suffire en toute saison aux saignées que supporte la rivière. Le barrage de Joinville, établi au-dessous de l'entrée du souterrain de Saint-Maur, fait refluer l'eau dans ce souterrain, pour la reporter ensuite dans les divers services auxquels elle est destinée. Le barrage ne donne passage que deux fois par semaine, le dimanche & le jeudi, & pendant une heure seulement, aux bateaux qui ont à traverser ces parages & aux embarcations des canotiers.

« Qu'allons-nous faire, me dit Rousset, en attendant l'ouverture de ce malencontreux barrage?

— Mon avis est toujours le même, répliquai-je; il est même corroboré par de plus favorables circonstances; déjeunons! Là-bas, nous avions à gravir une pente escarpée; ici, les hôteliers, campés sur leurs portes, nous sourient de l'air le plus gracieux; l'enseigne de la Tête Noire, comme une image miraculeuse, semble remuer les yeux pour nous regarder. Écoute! Des bosquets du restaurant Pinson s'échappent des chants mélodieux qui font rêver à son homonyme emplumé; déjeunons!

— Non! s'écria l'intrépide photographe; puisque nous ne

pouvons descendre la rivière, remontons-la, & allons jusqu'à
Bry-sur-Marne, saluer la tombe de mon illustre patron, de
Daguerre, dont les procédés ont été dépassés, mais qui n'en
a pas moins l'honneur d'avoir montré la route. »

Le ton solennel avec lequel cette allocution avait été
prononcée ne permettait pas d'y faire la moindre objection.
Rousset d'ailleurs m'avait fait contempler, à travers une arche
du pont de Joinville, le paysage charmant qui existe en amont
de ce point. Il m'avait en outre, tandis que Gabriel & Charles
organisaient le mât & le cordeau à l'aide desquels ils devaient
nous remorquer pour cette excursion improvisée, fait esca-
lader une rampe du haut de laquelle j'avais admiré le panorama qui se déroule de Joinville à Nogent.

CHAPITRE II.

DE JOINVILLE A NOGENT ET BRY-SUR-MARNE.

*Monuments de Daguerre & de Silhouette. — Antoine Watteau. — Le viaduc de Nogent.
— L'écho merveilleux. — Le château de Beauté. — Joinville.*

Quelque temps après nous étions dans le cimetière de
Bry-sur-Marne, au pied d'un pilastre porté sur un socle de
granit. C'était le monument érigé en 1852 par la société libre
des beaux-arts à l'inventeur du diorama & du daguerréotype.

Non loin de là est le mausolée d'un ancien seigneur de Bry,
le contrôleur général Silhouette, décédé le 20 janvier 1767.
C'était un financier réformateur, qui songeait à réduire les

DE JOINVILLE A NOGENT

Photographié par Ildefonse Rousset.

BRY-SUR-MARNE

Photographié par Ildefonse Roussel.

dépenses, à prévenir le gaspillage & les dilapidations; c'est pour se moquer de son économie que ses contemporains donnaient son nom aux dessins peu coûteux découpés avec des ciseaux dans un morceau de papier noir.

Derrière le maître-autel de l'église de Bry, Daguerre a peint le chœur d'une cathédrale ; l'illusion est complète. Il se proposait d'orner d'une grande toile religieuse une des chapelles de Nogent, lorsqu'il fut frappé de mort subite, le 10 juillet 1851. Son souvenir est conservé parmi les habitants de Bry, & ils en causent parfois sous les vieux ormes de la grande place.

Après avoir accompli notre pèlerinage, il ne nous restait qu'à reprendre le chemin de Joinville & à nous laisser aller au fil de l'eau. Mât & cordeau ayant été repliés, nous tournâmes le dos à Bry & mîmes le cap sur Nogent.

Les artistes ont toujours affectionné ces parages. Antoine Watteau vint mourir à Nogent, le 18 juillet 1721. Cette petite ville de trois mille âmes, bâtie sur un versant que la Marne arrose, essaye d'être industrielle. Elle a des brasseries, des carrosseries, une distillerie, une fabrique de produits chimiques; mais rien ne saurait lui enlever son véritable caractère, qui est d'offrir les plus riantes retraites aux Parisiens, las des affaires & du bruit.

C'est une très-ancienne cité, fondée par des Gètes Sarmates que les Romains avaient amenés en esclavage.

Chilpéric Ier, roi de Neustrie, y avait un manoir, où il reçut, en l'année 581, la visite de Grégoire de Tours.

Il ne reste pas même un pan de muraille des constructions romaines ou mérovingiennes. Le seul monument de Nogent c'est le viaduc de huit cent quinze mètres de longueur jeté sur la Marne par M. Pluyette, pour le passage du chemin de fer de l'Est. Il est construit en pierre meulière & en granit

4

blanc d'Alsace. Ses trente-quatre arches ont au minimum quinze mètres d'ouverture & trente mètres de hauteur sous clef. Trois arches principales, d'une ouverture de trente mètres, donnent passage à la rivière. C'est une des œuvres d'art les plus remarquables des environs de Paris.

En avant du viaduc, plusieurs îles verdoyantes & touffues lui forment une parure très-pittoresque. Ce sont d'abord l'île d'Amour & l'île du Moulin, sur lesquelles s'appuyait naguère un moulin vermoulu qui a disparu & dont il ne reste que quelques poutres coupées à fleur d'eau. Vient ensuite l'île aux Loups, habitée, ainsi que l'île d'Amour & l'île de Beauté, qui vient un peu plus loin, au-dessous du viaduc, par une colonie d'artistes dramatiques : Suzanne Lagier, Guyon, Dupuis & bien d'autres se sont fait dans ces îles des nids charmants.

En passant sous l'arche marinière du viaduc, notre embarcation fut saluée par une explosion de rires sardoniques & bruyants. Ils se répercutaient en s'éloignant comme si une volée de diables railleurs eût traversé la voûte au-dessus de nos têtes. Nous eûmes beau regarder de toutes parts, chercher à droite, à gauche, en avant, en arrière, en bas & en haut, nous ne découvrîmes rien.

C'était une farce de Gabriel. Connaissant le singulier effet d'acoustique que produit le viaduc lorsqu'on le traverse en bateau, il avait poussé un cri strident que les trente-quatre arches avaient reproduit les unes après les autres, en les renvoyant vers nous avec un surcroît d'intensité véritablement extraordinaire.

Les massifs de verdure que nous admirâmes le long de la rive droite, après avoir quitté le viaduc, sont nommés avec raison le Fonds de Beauté. Le sage roi Charles V aimait à se retirer dans un donjon qu'il y avait fait construire & où il passa en grande partie les dernières années de son existence ;

L'ILE D'AMOUR A BRY

et le Viaduc de Nogent *(Chm. de fer de Mulhouse.)*

Photographié par Ildefonse Rousset.

LE PONT DE JOINVILLE

Photographié par Ildefonse Rousset.

mais ce n'était que le restaurateur de cette habitation royale,
que des chartes latines de la fin du XIIᵉ siècle désignent sous
le nom de *Bellitas*. Des moulins en dépendaient (*Molendina Bel-
litatis*); des eaux vives, amenées du haut des collines, étaient
recueillies dans des bassins, d'où elles allaient en cascades
grossir les flots de la Marne.

Charles VII avait installé à Beauté Agnès Sorel; mais au
milieu des guerres qui désolaient la France, Beauté perdit
peu à peu son caractère de séjour de plaisance, pour prendre
celui de forteresse, & il finit par être un monceau de ruines,
dont la population riveraine se partagea les pierres.

CHAPITRE III.

DE JOINVILLE A CHAMPIGNY.
HISTOIRE DE SAINT-MAUR-DES-FOSSÉS.

*L'île Fanac. — Le restaurateur Jullien. — La Branche-du-Pont-de-Saint-Maur. — François
Rabelais. — Les Bagaudes. — Notre-Dame-&-Saints-Pierre-&-Paul-des-Fossés. — Les
reliques de saint Maur. — Les Bénédictins. — Le cardinal Jean du Bellay. — Catherine
de Médicis. — Sully & Villeroi. — Le panier plein de petits chiens du roi Henri III. —
Les créanciers de Catherine de Médicis. — Saisie & vente de la seigneurie de Saint-Maur.
— Le grand Condé. — Un déjeuner en bateau. — Les écrevisses à la bordelaise.*

Nous voici de nouveau à Joinville, dont le pont coupe en
deux portions inégales l'île Fanac, qui est plus jolie que son
nom. Cette île est devenue le rendez-vous des canotiers &
canotières, depuis que le restaurateur Jullien, de Bercy, y a
transféré son principal établissement.

Nous avons vainement cherché aux archives quel personnage pouvait être ce Fanac dont la mémoire s'est perpétuée ; c'était peut-être un des Gètes Sarmates auxquels les Romains confièrent la tâche de coloniser le pays. On ne connaît pas davantage le nommé Olins, qui fit construire un pont à ce même endroit dès le commencement du XIIe siècle. Des habitations se groupèrent alentour, & après un enfantement de plusieurs siècles, le village se trouva assez considérable, en 1790, pour être érigé en commune, sous la dénomination baroque de Branche-du-Pont-de-Saint-Maur. Le nom de Joinville est un hommage rendu en 1831 au second fils de Louis-Philippe.

De grands souvenirs historiques planent sur cette partie de la Marne. Ce fut là que nos pères livrèrent le dernier combat contre la domination romaine.

Là fut le berceau du Théâtre-Français.

Là maître François Rabelais écrivit son immortelle satire.

En vain les paysages m'attirent, en vain les oiseaux chantent & les fleurs s'épanouissent. J'éprouve le besoin de me plonger dans l'archéologie, la majesté des ruines parle à mon cœur.

Quand je mentionne les ruines, ce ne peut être qu'au figuré, car du *Castrum* des Gaulois, de l'abbaye de Saint-Maur, du château qui la remplaça, il ne reste que des fragments de fondations, des chapiteaux, des sculptures frustes & mutilées.

Pendant la décadence de l'empire romain, les colons & les serfs insurgés de la Gaule & de l'Armorique avaient constitué une ligue défensive qu'on appelait les « Bagaudes, » d'un mot celtique qui signifie *association*. Pour quartier général ils choisirent la presqu'île dont nous faisons en ce moment le tour ; dans l'étroite langue de terre où a été percé le canal, ils creusèrent de profonds fossés, élevèrent des retranche

DE JOINVILLE A CHAMPIGNY

Vue générale

Photographié par Ildefonse Rousset.

ments, & organisèrent un gouvernement dont les chefs, Ælien & Amand, prirent le titre d'empereurs; mais leur puissance & leurs victoires furent éphémères. En l'an 296, les légions romaines, commandées par Maximien, s'emparèrent de la citadelle des Bagaudes après une lutte acharnée, & en massacrèrent impitoyablement les vaillants défenseurs.

Sur ses ruines s'éleva le couvent de Notre-Dame-&-Saints-Pierre-&-Paul-des-Fossés. Nanchilde, sœur du fameux roi Dagobert, & son fils, Clovis II, alors âgé de cinq ans, donnèrent la plus grande partie de la presqu'île à l'archidiacre de Paris, Blindegésile, qui la transmit, par acte de l'an 640, aux Bénédictins nouvellement installés. Si l'appellation primitive eût été conservée, elle jetterait quelque langueur dans la conversation; on éviterait de parler, surtout dans un entretien animé, d'une commune qui aurait pour nom Notre-Dame-&-Saints-Pierre-&-Paul-des-Fossés. Heureusement pour nous, les moines de l'abbaye de Glanfeuil cherchaient à déposer en lieu sûr les reliques de leur fondateur, saint Maur. Elles furent apportées, en l'an 688, dans l'ancienne enceinte du *Castrum bagaudarum*, & voilà pourquoi la commune de Saint-Maur s'appelle Saint-Maur.

Tout ce que nous savons du couvent, c'est qu'on y joua la comédie. *Les Maîtres & Gouverneurs de la Passion & Rédemption de Notre-Seigneur*, avant de débuter à Paris, représentèrent à Saint-Maur leurs mystères & leurs moralités. Quant aux bénédictins, qui n'avaient rien de commun avec les savants membres de la congrégation de Saint-Maur, ils négligèrent tellement leur pieuse mission, que Clément VII, par une bulle de 1533, prit le parti de les séculariser. On les remplaça par un chapitre composé d'un chantre, ayant deux mille livres de revenu, de huit autres chantres à mille livres chacun, & de quatre vicaires perpétuels à cinq cents livres. La

5

maison abbatiale fut achetée par le cardinal Jean du Bellay,
évêque de Paris, qui en fit sa résidence d'été, & y amena Rabelais, son médecin. C'est sous les ombrages de Saint-Maur,
près du cloître abandonné, que le puissant satirique a composé ses pages mordantes contre les moines. C'est sur les
bords de la Marne, dans la demeure d'un prélat mondain, qu'il
a trouvé le type de cette abbaye de Thélème, dont l'unique
règle se formulait ainsi : *Faiz ce que vouldras.*

Eustache du Bellay, frère & héritier du cardinal, vendit
à Catherine de Médicis la terre & seigneurie de Saint-Maur.
Cette reine & son fils y venaient souvent. Sully, dans ses
mémoires, nous apprend qu'en 1586, chargé d'une mission
par le roi de Navarre, il y obtint une audience de Henri III.

« J'arrivai, dit-il, à Saint-Maur, où étoit pour lors la cour,
et j'allai descendre chez Villeroi, avec lequel je dînai, &
passai le reste de la journée. Le lendemain, il me présenta
au roi. Je me souviendrai toujours de l'attitude & de l'attirail
bizarre où je trouvai ce prince dans son cabinet : il avoit l'épée
au côté, une cape sur les épaules, une petite toque sur la
tête, un panier plein de petits chiens pendu à son cou par un
large ruban, & il se tenoit si immobile, qu'en nous parlant il
ne remua ni tête, ni pieds, ni mains. »

Les reines, comme les plus simples mortelles, sont susceptibles de contracter des dettes & de ne pas les payer; &,
le cas échéant, malgré les imperfections des institutions judi-
ciaires du XVIᵉ siècle, on trouvait à Paris des huissiers pour
poursuivre & des juges pour condamner les augustes débi-
trices. Catherine de Médicis, avant de passer de vie à trépas,
négligea de régler ses comptes avec Hélie du Tillet, sieur de
Guex, maître d'hôtel ordinaire du roi Henri IV; le président
de Thou; Baillet, sieur de Grenelle; de Ondeau, de Pugues,
& autres créanciers. Le maître d'hôtel, tant en son nom qu'en

VUE DE JOINVILLE LE PONT

et du Barrage de St Maur

Photographie par Ildefonse Rousset.

celui de ses co-intéressés, fit saisir la terre & seigneurie de
Saint-Maur pour la somme de 27,163 écus 5 sous 4 deniers.
En vertu d'un arrêt du parlement en date du 27 novembre 1598,
cette terre fut adjugée, moyennant 25,000 écus, à Charlotte-
Catherine de La Trémoille, princesse de Condé, comtesse de
Taillebourg, veuve de Henri Ier de Bourbon, prince de Condé,
duc d'Enghien. Malgré cette transmission de la propriété,
Henri IV, de même que son prédécesseur, visita habituelle-
ment Saint-Maur, où il fut atteint d'une indisposition assez
grave à la fin d'août 1607.

Les documents authentiques déposés aux archives de la
compagnie des chemins de fer de l'Est me mettent à même de
donner exactement, pour la première fois, la liste des propriétaires du beau domaine de Saint-Maur. Le 8 février 1612, par
acte passé devant maître Gaillard & son collègue, notaires
garde-notes au Châtelet de Paris, Madame de La Trémoille en
fait donation à son fils, Henri II de Bourbon, prince de Condé,
duc d'Enghien, comte de Clermont en Beauvaisis, etc.

La terre & seigneurie de Saint-Maur échoit par héritage
à Louis II de Bourbon, dit le grand Condé; puis à Henri-
Jules de Bourbon, prince de Condé, qui, par acte du 4 juillet
1697, la donne à Louis III, son fils. Elle passe successivement
à ses descendants, Louis-Henri & Louis-Joseph. Tous ces
princes s'occupèrent à l'envi d'embellir leur demeure favorite ;
aussi tous les auteurs qui l'ont décrite se montrent-ils animés
du plus vif enthousiasme. Robert de Hesseln, dans son *Dic-
tionnaire de la France,* dit en 1771 : « Ce lieu est remarquable
par un château magnifique appartenant à M. le prince de
Condé. On admire la belle situation de cette maison de plaisance, son édifice & ses quatre pavillons, les terrasses & les
colonnes qui en décorent l'entrée, les appartements, & surtout
les cabinets, dont la disposition & les ornements sont ce qu'il

y a de plus galant. Les jardins sont d'après les dessins de Le Nostre ; les deux parterres, bordés par la rivière & par une grande allée couverte, offrent ce qu'on peut imaginer d'agréable ; l'orangerie ne mérite pas moins d'attention. »

Le 1er mars 1789, par acte passé devant maître Bro & son collègue, notaires à Paris, Louis-Joseph de Bourbon, prince de Condé, fit donation de la terre & seigneurie de Saint-Maur à son fils Louis-Henri-Joseph, qui, moins de cinq mois après, fuyait précipitamment Versailles, pour aller organiser sur les bords du Rhin l'armée à laquelle il prêta son nom.

La seigneurie de Saint-Maur-des-Fossés disparut avec les autres seigneuries. La terre fut confisquée comme bien d'émigré, & le château démoli.

J'étais occupé à en chercher quelques pierres dispersées, lorsqu'une voix tonnante gronda à mes oreilles.

« Ah çà! te moques-tu du pauvre monde! Comment! tu voulais déjeuner à Gravelle, & tu y songes si peu à Saint-Maur, que tu nous fais mourir de faim!

— Mais toi-même, ô Rousset, qui étais si peu pressé de déjeuner à Gravelle, pourquoi l'es-tu tant à Saint-Maur?

— C'est que j'ai terminé les photographies que je comptais faire ici.

— Et moi, si j'oublie l'heure du repas, c'est que je commence mes études historiques ; puisque ma mission est de recueillir les traditions de ces contrées, il faut bien que je l'accomplisse.

— Tu l'accompliras plus tard! le bateau vient seulement de franchir le barrage, & nous ne sommes qu'au début de notre traversée ; prenons des forces , un vrai festin nous attend!

— Dans le bateau!

— Dans le bateau , & tu verras que mon laboratoire peut, au besoin, se transformer en cuisine. »

DE JOINVILLE A CHAMPIGNY

Vue Prise de l'Ile Pivert.

Photographié par Ildefonse Rousset.

Je suivis Rousset en remuant la tête d'un air de doute;
mais quelle fut ma surprise en arrivant à l'*Hélioscaphe!*

Il était amarré sous un dôme de verdure, entre la rive
droite de la Marne & l'île Saint-Maur, dont M. Piver, son
propriétaire, a fait un délicieux jardin anglais. Des bouteilles
de vin suspendues à des ficelles rafraîchissaient autour des
bordages; sur un banc qui servait de table, se dressait, comme
une tour, un succulent pâté de foies gras, & dans une casse-
role fumaient des écrevisses à la bordelaise!

« Des écrevisses! m'écriai-je avec attendrissement : par
quel miracle?...

— Par la toute-puissance de Gabriel! Depuis le commencement de notre navigation, te souviens-tu de l'avoir vu, à
maintes reprises, arrêter court notre embarcation, se pencher
sur la rivière, y plonger rapidement la main, &, lorsque tu le
questionnais sur son action, de l'avoir entendu te répondre :
« Ne faites pas attention, c'est une connaissance à laquelle je
serre la main. » Eh bien, c'était autant d'écrevisses appréhen-
dées au col par lui.

« Tout en maniant les rames ou le piquot, Gabriel ne
quitte pas des yeux le fond de l'eau ou les rives du fleuve.
S'il voit aux environs d'une pierre ou sur les bords d'un trou
certaines traces de sable fraîchement remué : « Il y a là, se
dit-il, une écrevisse, » & d'après la forme des traces, d'après
la physionomie du trou, il sait si l'écrevisse est à l'affût, si
elle mange ou si elle dort, & comment il faut l'aborder : par
devant, par derrière ou de flanc.

« En un tour de main la pierre est renversée ou bien le
trou est fouillé, & l'écrevisse est prise. Quelquefois, si la
dame est enfoncée dans un repaire inaccessible aux mains de
Gabriel, il a bien vite fait de placer au bout d'une baguette
fendue un petit poisson. Il le présente par la queue à l'orifice

6

du trou, le fait remuer & va ainsi réveiller l'appétit de la vorace habitante de l'endroit. Au bout de quelques instants, on aperçoit une longue pince qui s'allonge ; puis bientôt deux, puis la tête, & enfin le corps entier de l'animal s'avançant sur la proie que Gabriel a soin de tirer de plus en plus vers lui, à mesure que l'écrevisse approche. Saisissant le moment opportun, alors que l'écrevisse elle-même a saisi la queue du poisson, il plonge sa main gauche dans l'eau & empoigne l'appétissant crustacé.

« C'est ainsi que Gabriel t'a ménagé cette surprise. Avec l'aide de Charles, il nous a préparé ce mets réjouissant dans l'appareil à esprit de vin qui nous sert à faire chauffer de l'eau, & qui tout à l'heure nous fournira un délicieux moka. »

Pour exprimer ma satisfaction, je ne trouvai que le mot de Dominus Sampson : Prodigieux!

CHAPITRE IV.

EXCURSION AU PARC DE SAINT-MAUR.

L'îlot Saint-Babolein. — L'îlot du Diable. — Les sorcières. — Une forteresse aquatique. Deux mille cinq cents mètres cubes d'eau. — Les squares. — Le grand chêne. — Histoire du parc depuis 1814 jusqu'à nos jours. — Sant-Nicolas de Myre. — Notre-Dame des Miracles. — La fête de la Vierge noire. — La rivière percée. — La rape de Champigny. — Javeau et Javiot.

On déjeuna gaiement; puis la chaloupe reprit sa marche, laissant derrière elle l'îlot Saint-Babolein, puis l'îlot du Diable, tout hérissé de saules renversés, dont les branches cachées sous l'eau interdisent l'approche. Le saint fondateur de l'abbaye de Notre-Dame-&-des-Saints-Pierre-&-Paul avait son domaine en amont, & laissait la place inférieure au démon qu'il avait vaincu. Tandis que les moines prenaient leurs ébats dans l'île Saint-Maur & dans l'îlot Saint-Babolein, la chronique raconte que les sorcières des environs, & de bien plus loin encore, venaient faire chaque nuit un sabbat infernal dans l'îlot du Diable, accessible à elles seules. Les sorcières ont disparu avec les moines ; aujourd'hui, l'îlot du Diable sert de refuge aux pêcheurs qui y étendent, afin de les faire sécher, verveux, éperviers, gilles & autres filets.

Après avoir parcouru des rives délicieuses dont Rousset avait déjà pris plusieurs échantillons, notre barque s'arrêta devant un bâtiment carré, solidement bâti, auquel attenait une cheminée en briques, haute d'environ trente-trois mètres.

« Qu'est-ce que cela? demandai-je à Rousset.

— C'est une machine à vapeur qui fournit de l'eau aux colons du parc de Saint-Maur; elle vaut la peine d'être vue en détail. Voilà plus haut le réservoir, une forteresse à l'abri de l'explosion des deux mille cinq cents mètres cubes d'eau qu'elle renferme, & garnie de meurtrières destinées à aérer cette masse liquide. »

Un guide nous introduisit dans l'intérieur. Une puissante machine y élève l'eau dans deux réservoirs superposés, dont les voûtes sont soutenues par de massifs piliers. L'édifice est couvert par une plate-forme de quatre cents mètres de superficie, d'où la vue s'étend sur les collines environnantes. De quelque côté que se portent les regards, ils rencontrent un admirable panorama.

Un étranger s'y trouvait en ce moment. C'était un homme de trente à quarante ans, aux cheveux noirs, à la physionomie fine & intelligente. Il avait à la boutonnière le ruban de la Légion d'honneur.

Comme nous examinions ensemble le paysage, nous échangeâmes quelques réflexions : une mutuelle admiration pour les magnificences de la nature, un même culte pour les vieux souvenirs, nous rapprochèrent les uns des autres, &, en descendant de la plate-forme, nous étions en parfaite intelligence.

« Messieurs, nous dit l'inconnu, voici ma voiture; si vous voulez bien y prendre place, je serai heureux de vous montrer le parc de Saint-Maur.

— Quoi! lui dis-je, il existe donc encore, ce parc sous les ombrages duquel le grand Condé se délassait de ses victoires?

— Il a subi quelques modifications, reprit notre guide en souriant. Déjà, lorsqu'en 1814, le dernier des Condé revint de l'émigration, & qu'une ordonnance de Louis XVIII lui restitua le parc de Saint-Maur, il y chercha vainement son château & ses jardins. Son neveu & légataire universel, le duc d'Aumale, mit en vente le domaine, qui fut adjugé, en l'audience des criées du Tribunal de la Seine, le 24 décembre 1831, à M. Jean-Claude Moynat. Celui-ci le transmit à son fils, Jean-Charles Moynat, dont les héritiers & légataires l'ont vendu, le 6 décembre 1853, à la Compagnie des Chemins de fer de l'Est. Vous voyez ce qu'elle en a fait. »

La voiture où nous étions montés traversait un plateau ombragé de bouquets d'arbres d'essences variées, chênes, ormeaux, érables, sycomores. Quelques-uns des chênes, ayant jusqu'à vingt-six mètres d'envergure, devaient dater du temps où, sur ce plateau même, s'élevait un temple au dieu Silvain, desservi par un collége de prêtres, comme l'atteste une inscription découverte à Saint-Maur en 1725 : *Collegium Silvani*

restituerunt M. Aurelius aug. lib. Hilarus & magnus cryptarius,
curatores. Des avenues, larges & solidement macadamisées,
établissaient entre toutes les parties du parc de faciles communications. Bien que nous fussions à vingt mètres au-dessus
du niveau de la Marne, des rivières factices, qu'on passait sur
des ponts rustiques, baignaient des squares dessinés par une
main savante & peuplés de plantes exotiques. Nous visitâmes
successivement le square des Tilleuls, le square des Arts, le
square des Marronniers & le square des Lacs, véritable Bois
de Boulogne en miniature. Nous fîmes une station spéciale au
grand Chêne, gigantesque monument de végétation, doyen
des arbres du parc. A chaque tour de roue, nous découvrions,
entre les feuillées, de jolies villas qui, suivant la fantaisie de
leurs constructeurs, ressemblaient à des castels du moyen âge,
à des hôtels de la place Royale, à des chalets suisses ou à des
pagodes chinoises.

« Quelques-unes de ces maisons, dis-je à notre cicérone,
ont-elles un intérêt historique?

— Ce serait difficile, car la fondation de la plus ancienne
ne remonte pas à deux années. Les premiers lots de terrains
ont été mis en vente au mois de juin 1862; mais les conditions
étaient si avantageuses, les communications tellement facili-
tées par le chemin de fer de Vincennes, les matériaux de
construction si abondants, que les acquéreurs sont venus en
foule. Le nombre des colons s'accroît chaque jour.

— Je m'attends, dis-je à notre guide, à les voir quelque
jour s'ériger en commune, avoir un hôtel de ville, des écoles
& une église. De quelle paroisse dépendent-ils?

— De celle de Saint-Maur-des-Fossés, que vous aper-
cevez là-bas. »

Je vis, dans la direction indiquée, un clocher carré, que
je témoignai immédiatement le désir d'étudier de plus près.

7

Ce fut Guillaume, évêque de Paris, qui consacra, en 1218, l'église de Saint-Maur-des-Fossés, sous le vocable de Saint-Nicolas de Myre. Elle a été endommagée par des restaurations brutales, qui ne tenaient aucun compte du style primitif. La chapelle du bas-côté droit, dédiée à Notre-Dame des Miracles, attire de nombreux pèlerins. L'antique statue de bois qui surmonte l'autel, sculptée, selon les légendes, sans intervention humaine, est une rivale de la Vierge noire de Chartres & de Notre-Dame de Bon Secours. Que d'inscriptions commémoratives elle a méritées! Que de vœux sont montés vers elle! Que de malades elle a guéris!

EXEMPLES :

Notre-Dame des Miracles,
dans nos prières, vous nous avez exaucés ;
protégez-nous toujours!

5 juin 1862.

———

A Notre-Dame des Miracles,
une famille reconnaissante.

1er juillet 1862.

La Vierge noire de Saint-Maur-des-Fossés occupait jadis une chapelle attenant à l'église abbatiale. Sa fête, qu'un bref pontifical a fixée au deuxième dimanche de juillet, se célébrait alors la veille de la Saint-Jean-Baptiste. L'abbé Le Bœuf, dans l'*Histoire du Diocèse de Paris*, qu'il publia en 1754, peint, d'une façon pittoresque, les contorsions des malades, la plupart épileptiques, qui venaient assister aux offices. La grand'-messe commençait dès minuit. « Pendant quatre heures que

duraient les matines & la grand'messe, on n'entendait, dit le
savant abbé, que des cris & des hurlements continuels de malades ou prétendus tels des deux sexes, que six ou huit hommes
promenaient étendus sur les bras, tout autour de la chapelle
de saint Maur. Les malades criaient de toutes leurs forces :
*Saint Maur, grand ami de Dieu, envoyez-moi salut et guérison,
s'il vous plaît.* Les porteurs faisaient encore plus de bruit en
criant : *Du vent! du vent!* & des personnes charitables éven-
taient les malades avec leurs chapeaux. D'autres criaient :
Place au malade! gare le rouge! parce qu'on prétend que cette
couleur est contraire aux épileptiques. Quand un malade avait
répété trois fois de suite sa prière, on le comptait guéri, & l'on
criait à haute voix : MIRACLE! MIRACLE! enfin, c'était un
vacarme si grand, que l'on n'entendait point le clergé chanter,
& qu'il se formait trois ou quatre différents chants dans les
diverses parties de l'église. Pendant cette nuit, il y avait dans
la même église de petits marchands de bougies & d'images,
des mendiants de toute espèce, des vendeurs de tisane qui
criaient : *A la fraîche! à la fraîche!* Tout cela augmentait le
désordre, &, après la grand'messe, qui finissait vers les deux
heures, les pèlerins & pèlerines les plus sages couchaient
dans l'église, sans se gêner de leurs petits besoins. Les autres
allaient passer la nuit dans les cabarets ou aux marionnettes,
ou bien à la danse. C'est ainsi que se passait cette prétendue
dévotion. » (Tome Ier, page 132.)

La chapelle de Notre-Dame des Miracles, conservée
longtemps après la destruction de l'église abbatiale, ne fut
démolie qu'en 1792; mais, le 2 juin de cette même année, en
dépit de l'effervescence révolutionnaire qui menaçait les autels,
& du discrédit jeté sur les cérémonies du culte, la statue véné-
rée fut transférée processionnellement à Saint-Nicolas.

Après avoir visité cette église, nous nous empressâmes de

retourner au bateau, en regrettant de nous séparer de notre
aimable guide que ses affaires rappelaient à Paris.

Nous avions, de notre côté, hâte de regagner le temps
passé pendant cette excursion. Gabriel était aux rames, &,
comme le bateau n'avançait que lentement, je saisis, en lui
demandant s'il se ressentait de l'influence des écrevisses, le
piquot afin de l'aider en poussant. Gabriel me lança un regard
malin, &, comme le piquot, ne rencontrant pas le fond,
m'échappait des mains :

« La rivière est percée, me dit-il. Vous ne voyez donc pas
que nous sommes dans une rape?

— Une rape! Qu'est-ce que cela, dis-je?

— Je ne sais pas si c'est un terme qui vous va; mais
nous, sur la Marne, nous appelons ainsi certaines étendues où
l'eau dort dans un lit profond & où le courant est devenu im-
perceptible. Nous sommes ici à la rape de Champigny; elle est
longue, & il faut en prendre son parti. Tous les piquots du
monde ne nous feraient pas avancer plus que mes deux rames.
Vous avez beau être un savant, vous n'y pouvez rien. Tenez,
pendant que je fais mon métier, voici une occasion de faire le
vôtre. Vous voyez bien cette longue île basse que nous cô-
toyons, on la nomme l'île du Javiot. Savez-vous pourquoi? Je
ne serais pas fâché de mettre votre érudition en défaut, comme
tout à l'heure vous vouliez mettre en doute mes connaissances
nautiques ou ma puissance gastronomique.

— Eh bien! père Gabriel, soyez satisfait. Je vais faire ap-
pel à l'érudition & j'espère qu'elle me tirera d'embarras.

« *Javiot* vient de *gerbe*, que nos pères prononçaient indif-
féremment *garbe* ou *jarbe*.

« Pour désigner un faisceau d'épis de moindre dimension,
ils disaient une *garbelle*, une *gavelle*, une *javelle* ou un *javeau*.
Ces mots, ainsi que le démontre le Glossaire de Du Cange,

DE JOINVILLE A CHAMPIGNY.

Etude de Végétation.

Photographié par Ildefonse Rousset.

finirent par indiquer, non pas seulement des tiges de blé, mais toute espèce de menues branches ou de sarments reliés ensemble.

« Par extension, on donna le nom de *javelles* ou *javeaux*, vulgairement *javiots*, à ces amas de limon & de sable qui se formaient au milieu d'une rivière & que couvrait rapidement une gerbe de plantes amphibies.

« Le cartulaire de Saint-Maur-des-Fossés, cité par les anciens *Dictionnaires françois*, parle des *javeaux* de la Marne, & les vieilles ordonnances relatives aux eaux & forêts s'occupent souvent des *javeaux*.

— A merveille! dit Gabriel en faisant un signe de tête approbateur; c'est bien cela! Tous ces amas de joncs que nous rencontrons sur notre route, ce sont autant de *javiots*, & ces *javiots* donnent parfois naissance à de véritables îles. Celle-ci est de ce nombre, & voilà pourquoi on l'appelle l'île du *Javiot*. Cette fois votre science est d'accord avec notre pratique & nos traditions. Une fois n'est pas coutume; d'ordinaire les savants, au lieu de puiser leurs renseignements à bonne source, vont chercher dans des bouquins moisis un tas de mots grecs, latins ou chinois, qu'ils empilent les uns sur les autres; & à force de vouloir raffiner, ils embrouillent les questions les plus claires. En est-il un, par exemple, capable de dire pourquoi l'île que nous voyons là, à la suite du *Javiot*, s'appelle l'île du *Martin-Pêcheur?*

— J'avoue que je l'ignore complétement; je sais que le martin-pêcheur (*alcedo hispida*) est un passereau syndactyle de la famille des alcédidés, qu'il a un plumage enrichi de toutes les couleurs de l'arc-en-ciel, & qu'il se nourrit de poissons & d'insectes aquatiques ou terrestres.

— Il peut y avoir du vrai là dedans, reprit Gabriel; mais ce que ne vous expliquent probablement pas vos livres, ce sont

8

les vertus merveilleuses du martin-pêcheur. Apprenez d'abord
que tout pêcheur a chez lui un martin-pêcheur pendu par le
bec, & qu'il lui suffit, le matin en se levant, de jeter un coup
d'œil sur l'oiseau pour savoir d'où vient le vent. Quant aux
autres propriétés de cet animal miraculeux, un événement que
je vais vous conter vous les fera connaître.

CHAPITRE V.

LÉGENDE DU MARTIN-PÊCHEUR.

*Le pelletier, la dame, le propriétaire & le pêcheur. — Trébuchet, glu, raquettes
& plomb. — La jaunisse. — Le verveux. — Fatal dénouement.*

« Les vieux de par ici, poursuivit Gabriel, se rappellent
encore le temps où chacun voulait avoir un martin-pêcheur,
mort bien entendu, en manière de talisman. Il garantissait,
disait-on, les étoffes des teignes, des mites, de toutes les ver-
mines, en un mot; il conservait aux femmes la grâce & la
beauté; il préservait les maisons de la foudre, il procurait des
pêches abondantes. On le tuait, non pour le manger, car sa
chair est coriace, mais pour en faire une amulette.

« Or, un jour, un pelletier, une dame & un propriétaire
vinrent trouver un pêcheur de la Marne :

« — Procurez-moi un martin-pêcheur, dit le pelletier, je
le mettrai dans l'armoire où je serre mes fourrures, & les
insectes n'y toucheront jamais.

« — Procurez-moi un martin-pêcheur, dit la dame, je le

mettrai sur ma toilette, & je semblerai toujours belle & ave-
nante à chacun.

« — Procurez-moi un martin-pêcheur, dit le propriétaire,
je le mettrai sur la cheminée de la maison que j'ai bâtie, &
le tonnerre ne la frappera jamais. »

« Le pêcheur se mit en campagne, tendit des trébuchets
au point du jour ou à la nuit tombante, & prit trois martins-
pêcheurs qu'il vendit deux écus la pièce.

« Si j'en avais un chez moi, se dit le pêcheur, mes filets
plieraient sous le faix du poisson. »

« Il avait remarqué, dans cette île même, un magnifique
martin-pêcheur, souvent perché sur une branche sèche, d'où il
guettait sa proie avec une imperturbable patience, immobile,
l'œil fixe, & prêt à tomber comme une flèche sur les goujons
qui flânaient par là.

« Le pêcheur tendit un trébuchet, mais le martin-pêcheur
était un vieux madré qui flairait le piége; il avait assisté de
loin à la mort de ses collègues.

« Le pêcheur employa la glu, puis les raquettes; mais ce
fut peine perdue!

« Il se mit en embuscade avec un bon fusil, car la poudre
était déjà inventée; il envoya au maudit oiseau plusieurs
charges de gros & menu plomb; mais, quand il s'imaginait
l'avoir tué, il le voyait filer sur l'eau en poussant son cri sar-
castique : *ki, ki, kiri, ki!*

« J'en ferai une maladie, c'est sûr, se dit le pêcheur, &
en effet, il eut la jaunisse. Aussitôt qu'il fut en convalescence,
il se hâta de recommencer sa chasse. Il remarqua que l'oiseau
nichait dans un trou de la berge, d'où il sortait invariablement
tous les matins pour venir se poster sur sa branche sèche, &
où il rentrait le soir. La berge était arrondie comme un ma-
melon, & n'avait pour verdure que quelques herbes flexibles.

« Je le tiens ! s'écrie le pêcheur, je vais le prendre dans un
de mes verveux ! »

« Vous savez, je suppose, ce que c'est qu'un verveux ;
vous connaissez la disposition de ce filet fait en forme de sac.
L'entrée est arrangée en façon d'entonnoir renversé dans le
sac. Le verveux se place dans les coulines par lesquelles le
poisson a l'habitude de passer. Celui-ci force sans peine l'entrée de l'entonnoir, formée de fils qui s'écartent à la moindre
pression, mais une fois dedans, il ne peut plus sortir, parce
que les fils s'entre-croisent dans l'intérieur du filet de telle
façon que le prisonnier ne trouve plus d'issue.

« Il m'arrive bien souvent de rencontrer de pauvres oiseaux
pris dans des verveux étendus le long des berges pour sécher,
& vous pensez bien que je m'empresse de leur donner la liberté,
à ces pauvres petits.

« Eh bien, notre homme s'était donc dit qu'il prendrait le
martin-pêcheur en tendant un verveux à l'entrée du trou où
nichait cette bête ensorcelée.

« Une nuit, quand il fut bien sûr que l'oiseau était entré,
il s'avança avec précaution, son filet à la main.

« Le ciel était brumeux, l'obscurité épaisse, la lune ne
brillait pas plus que si elle n'eût jamais existé ; c'était une de ces
nuits noires & tristes où l'on a peur malgré soi. Cependant l'enragé pêcheur n'hésita pas. Il se pencha pour placer son filet à
l'entrée du trou ; mais, hélas ! ses pieds glissèrent sur la glaise
humide, & il tomba à l'eau, la tête la première, entortillée dans
le verveux. Au moment où il disparaissait dans un gouffre, il
entendit au-dessus de sa tête ce cri sauvage : *ki, ki, kiri, ki.*

« Voilà trois cents ans, au moins, que cette aventure est
arrivée, & il y a un martin-pêcheur à demeure dans cette île...
Tenez ! le voyez-vous, là-bas, qui passe?

« On prétend que c'est toujours le même. »

LA MAISON DU GARDIEN
au Pont de Champigny

Photographié par Ildefonse Rousset.

CHAPITRE VI.

DE CHAMPIGNY A LA VARENNE.

Le pont de Champigny. — On ne passe pas. — Campiniacum. — Le vendredi-saint de l'an 1419. — Les Anglais à Champigny. — Munificences de François Ier. — Champignolles. — Belle conduite des habitants de Champigny. — Le joli moulin. — Sorcier & lutins. — Théorie du gord. — Le gord du pont de Charenton. — Le père Lemaître. — Une pêche miraculeuse & mortelle. — L'île enchantée. — Gondoles & escarpolette. — Le curé Claude Dossier, & la dîme des vendanges. — Île des Vignerons ou île d'Amour. — Chennevières. — Sa priorité sur Versailles. — La compagnie des archers.

Pendant ce récit, nous étions arrivés au pont de Champigny. Ses arches de bois portées par de hautes piles de pierre se détachent sur un rideau de verdure; de grands peupliers ombragent l'île dont la pointe le divise en deux parties inégales. Ce pont payant, construit en 1843, est astreint à des règlements sévères. Il est défendu de mettre le pied dessus sans avoir acquitté le droit du péage, prescription difficile à remplir, puisque la maison du péage se trouve au milieu du pont; il est défendu d'y faire marcher les voitures & les chevaux au trot, & *a fortiori,* au galop; il est défendu d'y fumer; je ne sais trop s'il est permis de s'y asseoir. En dépit de ces prohibitions, le touriste s'arrête là volontiers : de quelque côté qu'il dirige ses regards, en amont ou en aval, il n'aperçoit que gazons verts, bois touffus, végétation opulente, maisons riantes perdues dans le feuillage & dans les fleurs.

Champigny n'a pas toujours joui du repos qui le caractérise. Au temps où les actes notariés l'appelaient *Campiniacum,*

9

des soudards ravageaient parfois le territoire. Il fut pillé par
les Armagnacs, le vendredi-saint de l'an 1419, enlevé au sieur
Charles de Rivière par les Anglais, & donné par le roi d'Angleterre Henri VI au comte de Salisbury. Il était un peu tard pour
aviser aux moyens défensifs, lorsque les habitants construi-
sirent une enceinte fortifiée dont François Ier autorisa le main-
tien & la restauration en l'année 1545. Ce roi dota Champigny
d'un marché, & Charles IX y ajouta deux foires aux porcs
qui ont lieu le dimanche de la Trinité & le 3 novembre.

Le hameau de Champignolles, les châteaux du Cueilly &
du Tremblay, dépendent de la commune de Champigny, qui
compte environ deux mille âmes. Toute cette population a
fait preuve, le 31 août 1864, d'un dévouement digne d'être
signalé. Le feu, communiqué par le tuyau d'une buanderie,
avait pris, à 11 heures du matin, dans un grenier où quatorze
cents gerbes de blé & d'avoine avaient été remisées : tout un
quartier était menacé. Au bruit du tocsin & de la générale,
villas & chaumières se vident; bourgeois en frac & laboureurs
en blouse, paysannes & dames élégantes, font la chaîne depuis
le lieu du sinistre jusqu'à la Marne, sur une étendue d'un
kilomètre. M. Bertin, l'adjoint, & le curé dirigent les tra-
vailleurs, auxquels s'adjoignent les visiteurs de passage à
Champigny, entre autres le chansonnier Gustave Nadaud. Les
pompiers de la localité sont renforcés par ceux de Nogent,
Villiers, Bry, Joinville, Saint-Maur, Chennevières & Noisy.
Tous bravent l'étouffante chaleur du jour; mais ce n'est qu'a-
près trois heures d'efforts & de fatigues qu'ils parviennent à
conjurer l'incendie.

Voilà un fait qui marquera dans les fastes de Champigny.
Pendant que j'en recueillais les détails, Ildefonse se livrait à
l'entraînement d'une photographie acharnée.

En aval du pont de Champigny est un groupe d'îlots

LE PONT DE CHAMPIGNY

Photographié par Ildefonse Rousset.

étroits, qui décrivent une ellipse depuis la maison du péage
jusqu'à la roue d'un moulin, très-pittoresque, posé sur un
bateau. Des peupliers, des saules, des bouleaux, couvrent les
plus grands de ces îlots. Des roseaux, des fougères, des
lianes & mille autres plantes forment une haie épaisse qui
relie les arbres entre eux. La portion de la Marne que cette
muraille de verdure sépare du bras principal a la tranquillité
d'un lac. Le courant y est interrompu par la digue du moulin,
& les eaux, dont la surface est unie comme un miroir, reflètent
les objets avec une netteté qui les double.

Mon compagnon de voyage avait entrepris de photographier ce lac; il avait planté son appareil sur un bas-fond, &
sans craindre d'enfoncer dans la vase, la tête au soleil & les
pieds dans l'eau, il opérait avec autant de calme que dans le
plus sec & le plus commode des ateliers.

Cependant, lorsque je parus sur la berge, il avait perdu
son sang-froid. Une plaque de verre à la main, il gesticulait,
en s'écriant avec désespoir :

« Allons! ils ont encore bougé!!!

— Qui donc?

— Ces maudits feuillages! on braque sur eux l'objectif, ils
sont immobiles, & posent à merveille; mais tout à coup,
quand on croit les tenir, ils se mettent à danser des carma-
gnoles exagérées.

— C'est le vent qui conduit l'orchestre.

— Dis plutôt que l'air est rempli de lutins, de diablotins
ennemis de la photographie, qui secouent les arbres au
moment critique. Les scélérats! ils m'ont fait perdre les plus
belles heures de la journée!

— Comme dit Jacob Fidèle, nous serons plus heureux une
autre fois.

— Cela t'est facile à dire. On voit bien que tu n'as qu'à

prendre ta plume pour être assuré de trouver au bout de son bec quelques-unes de ces bonnes histoires qu'elle raconte si bien. Il n'en est malheureusement pas de même de mon objectif. Les lutins dont je te parlais tout à l'heure, se sont acharnés après lui, & je crains bien d'être obligé de recourir à l'exorcisme pour chasser le sorcier qui s'est établi dans mon appareil.

« Aussi longtemps en effet que je procède aux préparatifs, mes ennemis font les morts & tout semble pour le mieux; mais dès que j'introduis dans l'instrument la plaque sensibilisée, leur danse recommence, & force m'est, le plus souvent, de laisser sa sensibilité s'épuiser dans l'ombre sans que je puisse enlever l'obturateur qui cache l'objet qu'elle doit reproduire. Tu viens d'assister au spectacle de la danse des feuilles; que d'heures j'ai passées à pareilles représentations!

« Lorsque le tableau que je veux reproduire a besoin d'être illuminé par le soleil, je choisis, tu le comprends, le ciel le plus serein. Eh bien! au moment de découvrir l'objectif, un nuage, poussé par les lutins en question, éclipse l'astre & est maintenu devant lui aussi longtemps que ma plaque conserve sa sensibilité; si au contraire j'ai besoin d'une lumière douce & tamisée au travers d'un nuage transparent, un souffle de mes persécuteurs déchire inopinément le voile à l'instant où je crois tenir le succès.

« Une autre fois, le lutin prend la forme d'un canotier qui surgit derrière une touffe de saules & vient barboter dans l'eau dont je veux reproduire la limpidité, ou bien celle d'un pêcheur rébarbatif qui s'obstine à remuer & à se trémousser, lorsque je le supplie de demeurer tranquille.

« On deviendrait fou à moins! »

Tandis que Rousset continuait à maugréer, l'*Hélioscaphe* avait quitté les eaux paisibles de Champigny. Il avait repris le cours de la rivière & côtoyait les îles des Gords.

LE MOULIN DE CHAMPIGNY

Photographié par Ildefonse Rousset.

Ce mot, tombé en désuétude, était autrefois très-employé pour désigner une pêcherie, un grand filet disposé de manière à barrer tout un bras de rivière : *Piscarium quæ vulgo gordum dicitur,* portent plusieurs chartes. On lit dans un vieil inventaire des propriétés de Saint-Nicaise de Meulan : « Item : Appartient au prieuré un gord, qui est une pescherie dans la rivière entre les deux isles de Saint-Nigaise. »

Le gord est en forme d'entonnoir & aboutit à une bure ou nasse en osier. A l'inverse des autres filets & engins, tels que le verveux & la nasse qui se tendent au fil de l'eau, parce que le poisson, lorsqu'il est en quête des débris apportés par le courant, remonte constamment & entre jusque dans les filets pour y saisir sa proie, le gord se tend au rebours, parce qu'il est destiné à recueillir les anguilles & les autres poissons qu'entraîne le courant. Il s'emploie particulièrement à l'époque des eaux jaunes, que les pêcheurs appellent « le premier bouillon de l'automne. » Les anguilles cherchent à cette époque à se vaser ; elles se roulent en pelottes ; mais la crue les emporte dans ses flots fangeux & conduit celles qui ne tombent pas dans les gords jusqu'à la mer, d'où, au printemps suivant, partent des légions de petites anguilles qui vont, en remontant de proche en proche, repeupler les fleuves & les rivières.

C'est Gabriel qui me fournit ces renseignements techniques, avec toutefois cette variante qu'il s'obstine à substituer le nom de *gars* à celui de *gord.*

« Tenez, me dit-il en terminant, un gars, lorsqu'il est en bonne position, est une fortune pour celui qui en est permissionnaire. Dans les quinze premiers jours du bouillon d'automne, qui sont d'ailleurs les seuls où l'anguille donne bien, un bon gars paye les peines de toute une année. Je me souviens toujours du père Lemaître qui, lorsque j'étais moutard, tendait un gars dans une des arches du pont de Charenton.

10

J'allais chaque soir l'aider à manœuvrer son filet, car il fallait
relever simultanément les deux enfondoirs qui servaient à
enfoncer le filet le long des deux piles du pont; puis ensuite,
tandis que le père Lemaître retirait la bure, je l'aidais dans
cette opération au moyen d'une corde passée dans une poulie
placée au haut de l'arche. Eh bien, une certaine nuit, je m'en
souviendrai toujours, il faisait un temps affreux & noir que
c'était une bénédiction; le père Lemaître, au moment de relever la bure, se mit à me crier : « Fricoteau! » Il avait, ce pauvre
homme, la manie de m'appeler ainsi; « Fricoteau, *tio be;* »
vous me comprenez, cela veut dire en terme de marine : tiens
bien. Et j'avais bien de la peine à tenir, & le père Lemaître ne
pouvait venir à bout d'enlever la bure jusque dans le bateau.
« Bien sûr, qu'il me dit, que nous avons dans le filet quelque
tronc d'arbre, ou quelque bateau submergé, ou quelque cheval
noyé. » Enfin, à force d'efforts, la bure est amenée. A peine
le bouchon qui la fermait eut-il été enlevé, qu'un flot d'anguilles se répandit dans le fond du bateau. Il y en avait trois
cent trente-six & des belles, je vous prie de me croire.

« Le père Lemaître en eut un tel saisissement qu'il ne
put, après que nous eûmes serré notre butin dans la boutique
du bateau, remonter qu'avec beaucoup de peine sur la berge
& regagner son domicile. Il avait pris un effort dont il ne se
releva pas. Le pauvre cher homme en mourut huit jours
après..... Et voilà comment, tandis que la malice des uns, tel
que l'homme au martin-pêcheur, cause leur perte, le travail
conduit les autres au tombeau..... Pauvre humanité! »

Tandis que Gabriel se livre à ces réflexions philosophiques, nous longeons une île dont le nom & la physionomie
n'excitent pas notre curiosité; puis soudain, un peu plus loin,
un spectacle d'animation & de gaîté se présente à nos yeux,
en même temps que nos oreilles sont charmées de la mélodie

L'ILE DES VIGNERONS À CHENEVIÈRES

Photographié par Hédouin Rousset

des fanfares & des concerts. Plusieurs gondoles chargées d'instrumentistes circulent sur la Marne. De nombreuses embarcations vont & viennent entre les rivages; presque toutes transportent les visiteurs dans une nouvelle île, où il semble qu'on entre toujours & d'où l'on ne sort jamais.

Comment contiendra-t-elle tant de monde?

La partie que nous en voyons d'abord nous paraît pourtant inhabitée; c'est un bois inextricable dont les arbres, les arbustes, les herbes, s'enlacent les uns les autres. Les vents ont apporté là des graînes de toute espèce, & elles y ont poussé pêle-mêle; mais, à la pointe méridionale de l'île, des tables sont dressées à l'ombre des érables; un pavillon, le long duquel monte en zigzag un escalier extérieur, recèle une cuisine succulente & une cave bien montée. Canotiers & canotières, consommateurs de conditions diverses, jeunes pour la plupart, boivent, mangent, chantent, babillent sous les feuillées, & pour que tout soit à l'unisson, de gracieuses jeunes filles dirigent le service, sous la suprême surveillance de la maîtresse de céans & de son époux, le sieur Hédeline, non moins habile à préparer une friture qu'à la pêcher à l'épervier. Sur une escarpolette qu'aurait voulu peindre Fragonard, berce une Sarah belle d'indolence, tandis qu'un trapèze amarré entre deux platanes sert aux ébats de robustes gaillards que les lauriers de Léotard empêchent de dormir.

« Ah! s'écrie avec transport un canotier qui débarque, c'est l'île de Cythère!

— On prend l'habitude de l'appeler comme ça, dit dédaigneusement Gabriel, en faisant une certaine moue qui lui est habituelle; le nom est l'île des Vignerons.

— Père Gabriel, dit Charles d'un air d'incrédulité, pour que ce fût l'île des Vignerons, il faudrait qu'il y eût des vignes.

— Elles sont là-bas, sur la rive gauche. Au premier

abord, quand vous regardez le coteau qui monte à Chennevières, vous n'y remarquez que des châtaigniers, des noyers,
des pommiers, dont l'assemblage fait un rideau vert; mais
levez la toile, & vous trouverez des vignes.

— En tout cas, dis-je, il n'y en a jamais eu dans cette île.

— Sans doute, repartit le père Hédeline survenu pendant
cette discussion; mais il y est venu des vignerons, & je vais vous
expliquer comment. En 1683, je tiens cette date de l'arrière-
petit-fils d'un des intéressés, Claude Dossier, curé de Chennevières, prononça ces paroles mémorables : « Sachent tous les
habitants de la paroisse, qu'ils sont tenus de porter leurs vendanges au pressoir banal, & que si aucuns s'en abstiennent,
j'aurai droit à la dîme de leur vin à l'anche de leur pressoir,
& dans leurs caves ou celliers. »

« Les vignerons regimbèrent, &, pour se concerter sur ce
qu'ils avaient à faire, ils tinrent des conciliabules dans cette île.
Ils convinrent d'intenter un procès au curé devant le Parlement
de Paris, qui était le tribunal de ce temps-là. Mais le brochet
mange toujours les ablettes... ce fut le curé qui gagna.

« Du reste, je n'y tiens pas autrement à ce nom d'île des
Vignerons, & il faudra même que je me rende au désir à peu
près unanime de mes pratiques en adoptant le nom d'île de
Cythère. Autrement je risquerais d'être dépassé, car il y en a
déjà qui prononcent le nom d'île d'Amour, prétendant que
l'ancienne île du Moulin de Bry a perdu son caractère depuis
qu'il n'y a plus là ni moulin, ni vin clairet, ni balançoire, ni
rendez-vous joyeux.

— Ça ne serait pas mal, dit le jeune Charles.

— Quant à moi, je suis pour l'île des Vignerons, » reprit
le nestor de la Marne en ingurgitant, en même temps que
nous, un verre d'un savoureux bishoff qu'une des charmantes
filles du père Hédeline venait de nous servir.

LES LAVEUSES DE CHENEVIÈRES

Photographié par Ildefonse Rousset.

Les allées & venues, les chants, les rires, les libations, les exercices gymnastiques, se multiplient autour de nous; nous perdons de vue l'heure, c'est notre inflexible capitaine qui nous la rappelle.

« Pourquoi partir? lui dis-je, le soleil ne pénètre ici que juste assez pour faire valoir l'ombre. Les figures sont épanouies; le parfum des fleurs se mêle à celui des matelotes; Tempé, les noces de Gamache, l'heureuse Bétique, le pays de Cocagne, s'y réalisent pour le pantagruéliste émerveillé. Arrêtons-nous ici!

— Non! Il faut que nous soyons ce soir à Charenton.

— Nous en sommes susceptibles.

— Pas de mauvaises plaisanteries! Veux-tu que je te fasse enlever par mon équiqage?

— Je cède à la violence, mais je proteste, à la face de ces braves blanchisseuses devant lesquelles nous passons, & je prends ces dames à témoin que tu m'empêches de monter à Chennevières, leur belle patrie!

— Tu reviendras un autre jour. »

Je suis revenu en effet & n'ai pas regretté mon voyage; j'ai compris Louis XIV et Louis-Philippe.

Louis-Philippe, donnant audience au maire de la commune, vint à sa rencontre en disant : « M. le maire de Chennevières-la-Belle-Vue, avez-vous quelque chose à demander au roi? »

Louis XIV, à l'époque où il voulait transférer aux environs de Paris sa résidence habituelle, fut conduit à Chennevières par Jules Hardouin-Mansart, surintendant des bâtiments, & André le Nostre, dessinateur des jardins du roi. Il admira le site : « Mais, dit-il, c'est trop loin, & puis la nature a trop fait pour ce pays, je veux tout créer. »

La meilleure de ces raisons ne valait pas grand'chose. La

seconde trahissait un ridicule orgueil; la première était une inconséquence, puisque Louis XIV, qui voulait triompher de la nature, confessait qu'il reculait devant l'obstacle de la distance. Il aurait pu aisément ouvrir une large route de Paris à Chennevières, qui n'était qu'à trois lieues de Notre-Dame, & où l'on va aujourd'hui en une demi-heure par le chemin de fer de Vincennes.

Pour bien apprécier les beautés de Chennevières, il faut s'y rendre par Champigny. Le touriste part d'une petite place plantée de marronniers, bordée d'un côté par des maisons, de l'autre par des pépinières & des jardins en contre-bas. Il gravit une rampe assez raide, & à mesure qu'il s'élève, les perspectives se développent, en se diversifiant à chaque pas. La Marne, ses îles, ses eaux argentées, les peupliers de ses bords, se présentent sous mille aspects différents. Au bas de la côte de Chennevières, la rivière se subdivise en une multitude de bras, qui produisent d'admirables effets de perspective. L'œil enchanté franchit la plaine, traverse Paris & va chercher au delà des collines qui se confondent avec l'azur du ciel. Ceci n'est pas une hyperbole. L'immense capitale, dont on distingue nettement les monuments qu'on pourrait appeler de repère : Notre-Dame, le Panthéon, Saint-Sulpice, l'Arc de Triomphe de l'Étoile, se perd dans cet incommensurable espace.

Le touriste qui désire le bien contempler est obligé, à Chennevières même, d'entrer dans la cour d'une ferme ou d'allonger la tête par-dessus un mur de jardin. Il est à souhaiter que cette commune qui prospère ait, dans son intérêt même, une place où les promeneurs pourront venir s'extasier devant un spectacle sans rival. Dans l'état actuel, un visiteur qui arriverait à Chennevières par le côté opposé à la Marne, pourrait quitter la localité sans se douter du principal attrait qu'elle possède.

LES ÎLES ET LE BRAS DE CHENEVIÈRES

Photographié par Ildefonse Rousset.

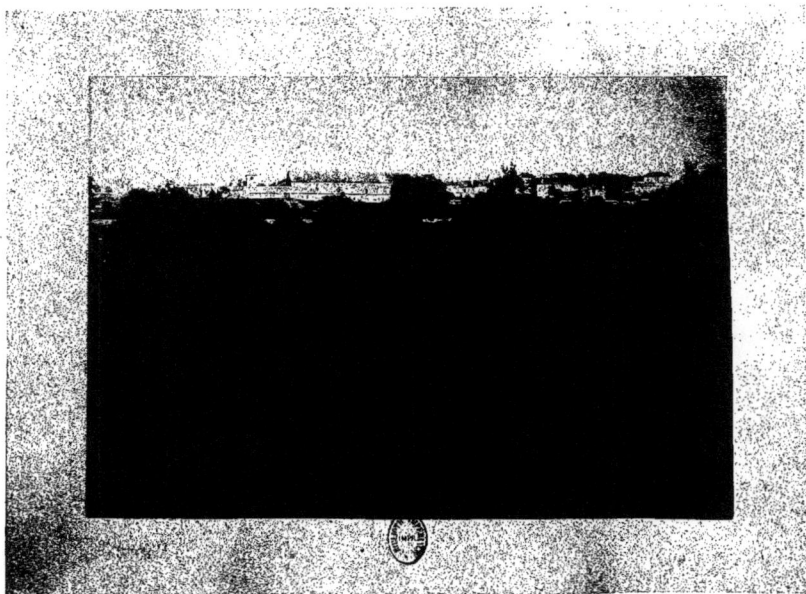

VUE DE CHENEVIÈRES

Photographié par Ildefonse Rousset.

Chennevières pousse la pudeur jusqu'à l'excès. Ses rues laissent à peine deviner ses charmes : beaux jardins & pépinières de rosiers. Elles sont bordées de murs blancs dont peu d'incidents rompent la monotonie. La façade d'une maison située à l'entrée du village, du côté de Champigny, prouve que les animaux nuisibles ne sont pas bien reçus dans cette commune. C'est peut-être un avertissement à la gent vagabonde. Toujours est-il que la façade de cette maison est émaillée de cadavres desséchés : belettes, chats sauvages, hérissons, putois, renards, émouchés, buses, hérons, pies, chouettes, hibous, chauves-souris, etc., véritable mosaïque incrustée dans la maçonnerie par un destructeur persévérant. Un peu plus loin, j'ai remarqué cette enseigne : « Chacun son idée. Vaudois, fabricant de chaussures. » Pourquoi le préambule qui précède le nom? Au-dessus de la porte d'un cabaret, j'ai lu : « Au rendez-vous de la deuxième compagnie d'archers. » Et j'en ai conclu assez logiquement qu'il y avait des chevaliers de l'arc à Chennevières, & qu'ils composaient deux compagnies.

L'église, dédiée à saint Pierre, a perdu son clocher; quelques parties avait été refaites, & la voûte de la nef, afin que personne n'en ignore, porte cette inscription peut-être unique : « Badigeonnée en 1830. » Néanmoins, ce qui subsiste est un élégant spécimen de l'architecture du XIII° siècle. D'antiques pierres tombales encastrées dans les murs portent les noms de divers membres de la famille Lion, qui contribua à l'embellissement de l'église. Au dehors, à droite du portail, on lit sur une plaque de marbre cette touchante épitaphe : « Ici repose Pierre Henry, ancien marguillier, né à Saint-Laurent, département de la Marne, le 16 juin 1769, décédé le 22 décembre 1825; il était le bienfaiteur des pauvres. La commune s'est réunie à la famille pour lui élever un monument & lui exprimer sa reconnaissance. » Bien des épitaphes de rois ne valent pas celle-là.

Le bas Chennevières est un amphithéâtre de verdure, sur lequel se détachent les châteaux des Rets & de l'Étape. Un bac met cette rive en communication avec la Varenne-Saint-Hilaire, dont le nom rappelle à la fois la garenne des princes de Condé, & une chapelle détruite depuis 1792. Sur la berge sont des restaurants achalandés : le *Tour de Marne*, le *Rendez-vous des Chasseurs*, le *Père la Ruine*. Le fondateur de ce dernier établissement, dont Alexandre Dumas s'est fait l'historiographe, fut un certain François Guichard, qui, après avoir servi pendant quelque temps dans l'armée de Mayence, abandonna brusquement son corps, & vint vivre de la pêche sur les bords de la Marne. Avec des matériaux grapillés çà & là & des joncs cueillis dans l'île de Chennevières, il se construisit une cabane sur un terrain dépendant du domaine de Saint-Maur, mais que le prince de Condé, à son retour d'exil, eut la générosité de lui laisser.

La Varenne-Saint-Hilaire, la Varenne-Saint-Maur, Adamville, la Pie, sont autant de colonies de création récente. Les habitations clair-semées dans la plaine remplacent des cultures qui avaient elles-mêmes remplacé les taillis & les broussailles où courait le gibier réservé aux plaisirs cynégétiques des princes. Les daims, les chevreuils, les faisans, les lièvres & les perdreaux ont disparu de la presqu'île ; le dernier lapin a été chassé par les maçons & les charpentiers, en même temps que le dernier chasseur, M. Léon Samson, un enragé, au dire de Gabriel, un Nemrod dont le regard seul foudroyait le gibier.

En revanche, il y a, au centre de ces colonies diverses, une salle de spectacle, le théâtre d'Adamville, &, qui plus est, les représentations en sont très-suivies.

DE LA VARENNE A CRETEIL.

A partir du bac de Chennevières, les [bords de la Marne changent d'aspect. Nous les avons vus invariablement accidentés d'un côté, unis de l'autre comme un échiquier. De Nogent à Champigny, la rive haute est à droite ; la rive basse à gauche. Depuis Champigny l'*Hélioscaphe* avait, au contraire, des coteaux à bâbord, une plaine à tribord. Après avoir quitté Chennevières, il glisse entre des rives uniformément planes.

La Marne en cet endroit puise sa parure dans son propre lit. Une succession d'îlots touffus accidente son cours, & ses rives disparaissent sous les joncs & les roseaux qui couvrent, avec les nénufars aux larges feuilles, presque toute la surface de l'eau. La fauvette babillarde se plaît dans ces parages ; son caquetage se mêle agréablement au murmure des flots entravés dans leur course par l'envahissante végétation.

Avant que le terrain fût exhaussé par des alluvions, des marécages s'étendaient sans doute à l'embouchure des rus de Brétigny & du Morbras. Ce nom de Morbras rappelle un ancien lit que la Marne a abandonné, & qui était exactement au lit actuel ce qu'un arc est à sa corde. Après être venue se

butter contre les collines qui, tantôt sur la droite, tantôt sur
la gauche, l'ont forcée de se replier sur elle-même, la rivière
semble vouloir les abandonner. Les collines s'éloignent en effet.
Le navigateur qui accomplit le tour de Marne n'a pas le temps
de les gravir, & cependant comme il serait amplement dédom-
magé de ses fatigues! Que de sites intéressants à visiter!

C'est le château d'Ormesson, qui s'appelait d'Amboille,
quand il fut bâti par le galant Henri IV pour une demoiselle de
Santeny, & qui changea de nom lorsqu'au mois d'octobre 1758,
Louis XV érigea cette terre en marquisat au profit de Marie-
François de Paule Lefèvre d'Ormesson; c'est Sucy, dont le
château est une imitation de celui qu'avait fait construire, à la
pointe orientale de l'île Saint-Louis, le président Lambert de
Thorigny; ce sont les châteaux de Montaleau, de Grand-Val,
de Petit-Val, avec des perspectives infinies, des eaux vives,
des futaies antiques, des pelouses pareilles à des tapis d'éme-
raude. C'est Bonneuil (*Bonoilum* ou *Bonogilum*), où les Mérovingiens avaient une villa, où l'implacable Frédégonde méditait
ses vengeances, où un *placitum* de leudes & d'évêques fut
tenu, en l'an 616, par les ordres de son fils, Clotaire II, sous
la présidence de Warnachaire, maire du palais. Les rois franks
n'étaient pas dépourvus de goût, & quand ils se créaient une
résidence, ils faisaient par cela même l'éloge du pays. Cette
résidence royale avait une cour de justice; un passage de la
légende de saint Merry en est la preuve. En l'an 685, ce saint,
de passage à Bonneuil, demanda & obtint la grâce de deux
voleurs qui venaient d'être condamnés à la potence.

Nous ne voyons de Bonneuil que son moulin, qui res-
semble, sous certain rapport, au théâtre de la Porte Saint-
Martin. L'Opéra, depuis 1770, était magnifiquement installé
dans une salle qui fut brûlée le 8 juin 1781. Six semaines
après, l'architecte Le Noir en avait construit une autre, provi-

LE BATEAU-MOULIN DE BONNEUIL

Photographié par Ildefonse Rousset.

soirement, & ce monument improvisé, devenu le théâtre de la Porte Saint-Martin, est un des plus solides de Paris.

Le moulin de Bonneuil datait du temps des Mérovingiens; il faisait l'ornement d'une île lorsqu'il fut réduit en cendres au mois de décembre 1786. En attendant qu'il fût reconstruit, & pour ne gêner en rien ce travail, le propriétaire plaça sur un bateau un moulin provisoire, & c'est cet établissement qui est devenu définitif. L'autre n'a jamais reparu.

Un rendez-vous joyeux à l'usage des canotiers & des habitants de l'endroit existe sur la rive, sous le couvert du moulin. On y prend ses ébats & on s'y réfectionne. Les trapèzes, les balançoires, les fritures, les lapins sautés, le reginguet, s'y entre-croisent. Sur un pignon, un artiste en belle humeur a peint une gigantesque escarpolette emportant dans les airs une gaie luronne. Le même artiste a planté, sur la porte de l'office, un lapin & un rat d'une vérité saisissante, tous les deux pendus en attendant le couteau du chef. Cette plaisanterie, que la porte entr'ouverte de l'office jette aux yeux des arrivants, procure, dit-on, aux nouveau-venus une émotion qui se traduit plus tard, au moment de la réaction, par un redoublement d'appétit.

Depuis le Moulin à bateau, car c'est ainsi qu'il est improprement désigné, de même que l'établissement qui lui fait suite, le cours de la Marne n'est interrompu, jusqu'au barrage de Créteil, que par une petite île dont le desservant de la chapelle Saint-Hilaire avait jadis l'usufruit. Avant d'arriver aux grandes îles des peupliers, & du chapitre Sainte-Catherine, où des chevaux au vert prennent leurs ébats, il faut que les embarcations tournent le barrage de Créteil ou de Villette.

Tous les jurons de la langue française ont été épuisés par les canotiers devant ce barrage que les meuniers bénissent parce qu'il leur entretient le niveau d'eau nécessaire à leurs opéra-

tions. Que devaient dire le patron & l'équipage de l'*Hélioscaphe?*
Au moment où nous arrivions, des jeunes gens alertes s'étaient
arrêtés en deçà de l'obstacle. Ils avaient tiré de l'eau leur légère
nacelle, l'avaient chargée sur leurs épaules, transportée sur la
rive, puis remise à flot de l'autre côté, en fredonnant une bar-
carolle. Mais, hélas! il ne nous était pas loisible de les imiter!
Notre imposante chaloupe n'était pas si aisément transportable,
& nous étions en droit, plus sérieusement que Louis XIV, de
nous plaindre de notre grandeur qui nous attachait au rivage!

Heureusement, de nombreux ouvriers travaillaient à res-
taurer le barrage. Nous les mettons en réquisition; ils consentent
à nous prêter assistance. Grâce aux efforts combinés d'une es-
couade athlétique, l'*Hélioscaphe,* tout à l'heure immobile en
amont de l'estacade, est soulevé, amené sur la plage, puis lancé
en aval dans les fougueux tourbillons de la Marne resserrée
par ses îles. Comme un dieu marin, Gabriel plie la barque &
les flots à son obéissance. Il évite les écueils, mais une vague
inquiétude se peint sur ses traits. Tout à coup, il s'essuie le
front, lâche négligemment les rames, & s'assied en disant :

« Nous sommes bons! la pointe de l'île Brise-Train est
passée! »

Brise-Train est devenu, par corruption, Brise-Pain; mais
notre nautonier s'en tient scrupuleusement à la version première. Cette île, en forme de nacelle, est coupée en deux par
l'interminable pont en dos d'âne qui joint le port de Créteil à
la petite ville du même nom.

« Mais que fait donc cet individu, dont le bateau est planté
au milieu de la rivière & qui travaille au fond de l'eau avec
son bâton, comme s'il voulait y pratiquer un trou?

— C'est le père Robestan, le goujoneux; il bat le rappel
des goujons, me répondit d'un air imperturbable Gabriel.

— Trêve de plaisanterie. Vous venez de nous tirer mer-

LE BARRAGE DE CRETEIL

Photographié par Ildefonse Rousset.

veilleusement d'un mauvais pas; mais cela n'autorise pas, il
me semble, de trop grandes licences.

— Je ne plaisante pas le moins du monde. Vous ne connaissez donc pas les mœurs des goujons. Le goujon, sachez-le,
est toujours au fond de l'eau à la recherche des petits vers qui
se trouvent dans le sable & dont il fait sa nourriture. Si une
pierre est remuée, si un mouvement se produit sur le gravier,
de suite le goujon accourt, parce qu'il espère trouver là plus
facilement sa proie.

« Le pêcheur qui connaît ces mœurs, remue le fond de
l'eau avec un pilon composé d'une vieille savate clouée au
bout d'un bâton. Par cette opération, il met en mouvement une
quantité de sable que le courant emporte. Le goujon, qu'attire
de loin cette traînée, remonte à la hâte dans la direction d'où
vient le sable, avec l'espoir de trouver une ample moisson à
récolter. Au bout de quelques moments de pilonage, le pêcheur
peut être certain d'avoir amené sur son coup plusieurs dou-
zaines de goujons. Il remplace alors son bâton par une ligne
montée de telle façon que le ver qui la termine & qui cache
l'hameçon vient se promener au milieu des goujons. Le ver
est bientôt happé & le goujon enlevé. Et ainsi de suite jusqu'à
ce que tous les goujons amenés sur le coup y aient passé. Il
faut alors changer de place & recommencer l'opération. Ce
n'est pas à dire que la pêche soit toujours également bonne.
Il faut pour cela que le poisson mange, & il n'est pas tous les
jours disposé à manger.

— Mais connaissez-vous les jours où il est en appétit?

— Ah! voilà le chiendent! C'est là le grand secret que les
pêcheurs n'ont pu encore pénétrer. Tâchez donc de nous
trouver cela dans vos grimoires. Si vous y parvenez, je m'en-
gage, non pas à vous donner un merle blanc, mais à déposer
entre vos mains mon titre de *petit caporal de la Marne.* »

13

DE CRÉTEIL A LA BOSSE DE MARNE.

Créteil (*Christolius*) est, comme Bonneuil, un lieu historique.
Saint Agoard, saint Aglibert & plusieurs autres prédicateurs de l'Évangile y souffrirent le martyre. On y battit monnaie, comme le démontrent des pièces conservées dans les cabinets des numismatiques, & sur lesquelles on lit *Cristoialo*. Un préfet de Paris, car Paris avait déjà des préfets sous la première race, était propriétaire de Créteil du temps de Clotaire III ; puis ce village eut pour maître le chapitre de Notre-Dame de Paris. Le roi Louis VII passant un soir par Créteil, y coucha aux frais des habitants, en vertu de la coutume qu'on appelait alors « le droit de gîte ; » mais les chanoines avaient des moyens spirituels de faire reconnaître leurs franchises. La première fois que le roi se présenta aux portes de la cathédrale, elles lui furent fermées, & ne s'ouvrirent que lorsqu'il eut payé sa consommation.

PORT CRETEIL

Auprès de Créteil existait une demeure isolée que Charles VI avait fait bâtir pour Odette de Champdivert, dite la *Petite Reine,* & qui avait l'art de consoler le roi fou dans son désespoir & de le calmer dans ses fureurs. Créteil est maintenant une commune de deux mille quatre cent dix-neuf habitants. Ainsi disent les statistiques, mais il y en aurait deux mille quatre cent vingt que nous n'en serions nullement surpris. Sous sa vieille église est une crypte contenant un grand cercueil rempli d'ossements ; mais les amateurs d'antiquités essayeraient inutilement de la voir, puisqu'elle a été fermée, en 1697, par les ordres du cardinal de Noailles.

Un marché de comestibles, de merceries & de rouenneries a été établi à Créteil par un arrêté préfectoral du 22 décembre 1859, & ouvert le 20 février 1860.

En quittant Port-Créteil nous entendons des rires, des cliquetis de verres, des chœurs entonnés par des voix fraîches ou fatiguées, de joyeux entretiens, de bruyantes interpellations. Tout ce tapage vient de l'île Jambon, dont la cuisine succulente & les bons vins mettent les canotiers & les canotières en bonne humeur. Le maître de céans n'était-il pas prédestiné par son nom même à devenir restaurateur?

L'île *Mâche-Fer*, que rencontre plus loin l'*Hélioscaphe,* rappelle de nombreux accidents. Les nautoniers qui s'attardaient dans ces parages risquaient d'être portés par le courant contre la pointe anguleuse de cette île, & c'était un désastre certain. L'île Rose, au contraire, était entourée d'une eau calme comme celle d'un lac.

L'île des Saints-Pères vient à la suite de l'île Rose. Un Belge, M. Schaken, entrepreneur de chemins de fer, s'est fait dans cette île, en y joignant plusieurs parties du sol continental, une ravissante retraite. Le château participe à la fois du style de Louis XIII & de celui de la Renaissance. La

façade est flanquée de tourelles à pans coupés ; une gracieuse
galerie embellit la toiture. Dans le parc, dont les massifs &
les pelouses ont été distribués avec une rare intelligence,
passe un viaduc qui n'en est pas le moins remarquable ornement.

Le moine Planude, dans la *Vie d'Ésope,* raconte que ce
fabuliste avait imaginé un moyen de construire en l'air, en faisant enlever de jeunes maçons par des aigles.

Qui le croirait ? ce viaduc, dont la longueur est de trois
cent quatre-vingt-un mètres, a été bâti par un procédé ana-
logue. La Compagnie de l'Est, comme l'aigle d'Ésope, a trouvé
le moyen d'enlever ses maçons dans les airs, & l'on pourrait
croire que le viaduc a été descendu tout achevé & posé sur
la place qu'il occupe, tant les jardins & les propriétés qu'il
traverse ont été respectés. Les arbres eux-mêmes de la grand'-
route sont restés en place & entrelacent leurs rameaux au-
dessus du viaduc.

La Compagnie n'avait pas voulu troubler dans leurs pos-
sessions de paisibles propriétaires sur le domaine desquels il
lui suffisait de jeter un pont. Aussi n'acheta-t-elle que le terrain strictement indispensable. Il fut entouré de palissades.
Des wagons, portés sur un chemin de fer aérien, envoyaient
aux ouvriers renfermés entre ces clôtures de bois des matériaux qui semblaient tomber du ciel.

Une fois l'opération achevée, les palissades retirées ont
rendu aux propriétaires la jouissance du sol au-dessus duquel
se dessinent les voûtes gracieuses des arches.

Un printemps a suffi pour faire pousser au travers des pelouses & surgir du milieu des massifs les élégantes piles qui
ont ajouté aux charmes de ces jardins la possession d'une
œuvre d'art remarquable.

Voilà les prodiges que savent accomplir nos ingénieurs ;

LE MOULIN DES CORBEAUX

à St Maurice.

Photographié par Ildefonse Rousset.

l'école des Ponts et Chaussées a hérité du bagage des fées.

Le viaduc de Saint-Maurice a une hauteur de douze mètres, & chacune de ses trente-huit arches a sept mètres quatre-vingt-cinq d'ouverture.

Après avoir passé devant ce beau travail, nous voici à l'entrée du canal que nous avons traversé le matin. Le tour de Marne est accompli; il ne nous reste plus qu'à descendre jusqu'au confluent où cette rivière mêle ses flots à ceux de la Seine.

En nous rapprochant de la capitale, dont le tumulte va faire un si pénible contraste avec la paix des campagnes que nous venons de parcourir, nous entrons sur le territoire de Saint-Maurice, commune séparée de Charenton depuis l'année 1842 & sur le territoire de laquelle sont deux établissements célèbres, l'un qui remonte à l'année 1644, l'autre qui a été ouvert le 30 août 1857. Le premier est la maison d'aliénés, le second est l'asile impérial pour les malades convalescents.

La partie orientale de Saint-Maurice, connue sous le nom de Gravelle, forme un centre industriel important qui possède des fabriques mises en mouvement par les eaux dérivées du canal. La partie occidentale de Saint-Maurice est composée d'habitations bourgeoises.

L'*Hélioscaphe*, pressé d'arriver avant le coucher du soleil, semble en ce moment rivaliser avec la locomotive. Nous nous reposons, toutefois, en avant d'un moulin pittoresque, dans une anse de l'île des Corbeaux. Ces oiseaux de sinistre augure ont dû jouer là un rôle important. Les champs de la rive gauche s'appellent plaquis des Corbeaux, & la rampe qui mène au kiosque du restaurateur Robert est connue sous le nom de montée des Corbeaux. Ce fut là que se déroulèrent les sanglantes péripéties d'un drame terrible dont les causes mystérieuses n'ont jamais été bien éclaircies. Le 29 avril 1303, plusieurs centaines de corbeaux s'assemblèrent & se ruèrent

14

les uns contre les autres. Leurs légions formaient un noir rideau qui voilait le soleil ; leur sang tombait comme la pluie. Après une boucherie acharnée, les belligérants se séparèrent, laissant le champ de bataille jonché de cadavres. Tout extraordinaire qu'il paraisse, cet événement n'est pas unique. « Le 14 mai 1492, dit Henri Sauval dans son *Histoire et recherches sur les antiquités de Paris,* quatre ou cinq cents corbeaux se rassemblèrent au-dessus de Villejuif en poussant d'effroyables croassements & se battirent avec tant d'acharnement qu'un grand nombre tombèrent morts ou blessés. »

Non loin du moulin des Corbeaux, à la place où s'ouvrait un bras de rivière supprimé depuis la création du canal Saint-Maurice, Gabriel nous montre un assemblage de pierres & de pilotis : c'est le Nez-de-Fer! Ce môle était destiné à défendre l'extrémité d'une jetée, qui détournait une partie du courant au profit des moulins situés sur la rive droite ; que de bateaux sont venus se briser contre le Nez-de-Fer aujourd'hui désarmé!

L'eau redevient calme dans le spacieux & profond bassin qui baigne l'île de Charentonneau, dont les arbres gigantesques abritent un moulin construit sous Louis XV. Au-dessous de cette île, le courant est de nouveau très-rapide. Comme je m'étonnais des changements subits éprouvés par l'allure de la rivière, « C'est, me dit Gabriel, que la Marne n'est qu'une succession de rapes et de baissiers. Un baissier est le contraire d'une rape. L'un est un trou, l'autre est une bosse. La même quantité d'eau passe par un baissier que par une rape ; elle court d'autant plus vite qu'elle a moins d'espace pour s'écouler. »

Notre bateau, emporté par le courant, laisse à sa droite le kiosque de Gravelle, où l'heure avancée ne nous permet pas, hélas! de faire une station. Nous sommes aussi privés du plaisir de visiter la Ferme impériale de Vincennes qui rappelle la Hollande par ses constructions, la Suisse par sa belle race

L'ILE DE CHARENTONNEAU

Photographié par Ildefonse Rousset.

LE MOULIN DE CHARENTONNEAU

Photographié par Ildefonse Rousset

de vaches Schwitz, l'Angleterre par ses magnifiques South-down & par ses jolies petites bêtes laitières d'Ayr. Nous ne verrons pas non plus l'annexe consacrée à la sériciculture, où a été entreprise l'éducation du *Bombyx hymalayensis,* gigantesque ver à soie qui n'a vécu jusqu'ici qu'à l'état sauvage.

La végétation de l'île qui vient après celle de Charentonneau se trouve à l'étroit; elle déborde aux alentours; les saules s'allongent sur l'eau, les plantes dont la berge est tapissée vont rejoindre les longues plantes aquatiques qui poussent vigoureusement dans le lit de la Marne. Une exclamation admirative s'échappe de mes lèvres.

« Ne vous y fiez pas, dit Gabriel, c'est l'île d'Enfer! & vous ne m'ôteriez pas de l'idée qu'elle est sous la domination des diables. Des centaines de baigneurs se sont noyés, là-bas, dans le bras du moulin, sous les saules. Chacun le sait, puisque les vieux canotiers ont baptisé cet endroit : *le Rendez-vous des Noyés,* & ça n'empêche pas d'autres baigneurs de venir, tous les ans, y chercher la mort; il y a là un trou profond d'où personne n'est jamais sorti. Il faut que ce soit un soupirail de l'enfer, & que des suppôts de Satan s'y cachent pour tirer les gens par les pieds...

— Vous êtes donc superstitieux, père Gabriel?

— Moi! Dieu m'en garde! mais je me rends à l'évidence. Comment résister à des preuves? J'ai vu, dans ma jeunesse, un pêcheur & sa femme venir ici dans un bachot, toutes les semaines, fouiller le trou, & en extraire une quantité innombrable de cornes.

— Eh bien, quoi de plus simple? Ce sont des cornes d'animaux qui ont été jetés dans ce trou, ou dont la Marne a charrié les carcasses. La proximité de l'École d'Alfort a probablement, dans certains cas d'épizootie, fait choisir cette île comme lieu de sépulture pour les animaux infects.

— Non, reprit le vieux pêcheur, ces cornes ne faisaient pas l'effet d'avoir poussé sur des crânes de bêtes à quatre pattes. Et puis, pourquoi se noie-t-on invariablement dans ce trou?

— Parce que la rivière est remplie d'herbes, parce que le fond est inégal, parce que c'est un trou.

— On s'en sauverait s'il n'y avait pas là quelque diablerie: une preuve encore de ce que j'avance, c'est que, pendant la nuit, des flammes bleuâtres dansent autour de l'île d'Enfer.

— Ce sont des feux follets, des vapeurs de gaz hydrogène phosphoré.

— Allons donc! réplique Gabriel, est-ce que les vapeurs ont des figures? Au milieu des flammes dont je vous parle, on voit distinctement des fantômes. Je tiens d'un garçon meunier qui loge près d'ici, au moulin d'Alfort, que des spectres rôdent souvent le long des berges, en poussant de tels gémissements qu'on n'entend plus la roue du moulin tourner. »

Je ne jugeai pas à propos de dissuader Gabriel; j'aimais mieux contempler, aux derniers rayons du soleil, l'île Robinson, toujours verte & fraîche, mais veuve du cabaret qui chantait sous ses peupliers; Alfort cette capitale du monde vétérinaire, qui compta ou compte encore parmi ses professeurs les Bourgelat, les Chabert, les Renault, les Delafond, les Magne, les Bouley, les Reynal; sur la rive droite, la ville de Charenton s'élevant en amphithéâtre, & en face de nous, les arches élégantes du nouveau pont achevé en 1863.

L'hôtel de ville de Charenton, dont nous apercevons le toit élevé, est une aile d'un château en pierres & en briques que Henri IV avait fait construire pour Gabrielle d'Estrée, la quatrième maîtresse royale dont nous trouvions le souvenir sur les bords de la Marne. Grâce à la protection du roi qui avait signé l'édit de Nantes, un temple magnifique s'éleva près de la charmante résidence qu'il aimait à visiter. Jacques de

L'ILE D'ENFER

& la Jetée du Moulin d'Alfort

Photographié par Ildefonse Rousset

LE PONT DE CHARENTON

S.ᵗ Maurice - Charenton - Alfort

Photographié par Ildefonse Rousset.

Brosse, l'architecte du palais du Luxembourg, fit ce temple assez spacieux pour contenir quinze mille personnes, & il s'y tint des synodes qui eurent du retentissement dans toute l'Église réformée; mais lorsque Louis XIV fut revenu sur les dispositions libérales de son aïeul, le 23 octobre 1685, une multitude fanatisée se rua sur l'édifice signalé à ses fureurs, & le démolit si bien que, cinq jours après, on en aurait en vain cherché une seule pierre. L'emplacement fut occupé par un couvent de religieux de l'Adoration perpétuelle.

Un autre monastère florissait aux Carrières, hameau dépendant de Charenton, & les Carmes déchaussés, qui en étaient les propriétaires, sont cités parfois dans les malicieux ponts-neufs du XVIIIe siècle. Dans leur enclos se trouvait un écho qui passait pour un des plus merveilleux de l'Europe. « La voix, disent les *Antiquités de la France,* frappoit souvent l'oreille jusqu'à dix fois, & d'un son si violent, que les boulets de canon emportés des feux & de la poudre ne sifflent pas avec plus de violence. »

Avant la Révolution, Charenton & ses annexes, Saint-Maurice, les Carrières & Conflans, n'avaient pas ensemble plus de sept cents habitants; bien que Saint-Maurice en ait été détaché, on compte maintenant plus de six mille habitants dans la commune de Charenton-le-Pont.

Que de changements a subis le pont de Charenton! Il est mentionné, dès le VIIe siècle, dans la vie légendaire de saint Merry. En 865, il est rompu par les Normands & reconstruit par les soins de Charles le Chauve. Les Anglais s'en emparent en 1435; mais dès le 11 janvier de l'année suivante, il leur est enlevé par Ferrière, capitaine de Corbeil. Henri IV, avec deux pièces d'artillerie, canonne le pont de Charenton, le jeudi 10 mai 1590, & force le passage à quatre heures du soir. « Le capitaine, dit le journal de Pierre Fayet, fut pendu avec douze soldats. » C'était, en ce temps, la loi de

15

la guerre; quiconque osait résister au roi sans forces suffisantes était envoyé au gibet. Triste temps & triste loi!

Pendant les troubles de la Fronde, le 2 février 1649, le pont de Charenton fut emporté d'assaut par le prince de Condé. On lit dans les Mémoires de Guy Joly : « Le marquis de Clanleu, qui y commandait, y fut tué, n'ayant pas voulu de quartier, avec plusieurs officiers distingués. Il n'y eut presque que le marquis de Coignac, petit-fils du maréchal de La Fère, qui se sauva heureusement, sur un glaçon qui l'apporta auprès de Paris, après qu'il eut très-bien rempli son devoir à la tête de son régiment. M. le prince y perdit aussi beaucoup de monde, entre autres le duc de Châtillon, qui fut emporté d'un coup de canon. » Ce *beaucoup de monde*, suivant les Mémoires du cardinal de Retz, devrait se réduire à douze ou quinze tués.

En 1814, les élèves de l'École vétérinaire d'Alfort essayèrent d'arrêter au pont de Charenton des masses autrichiennes. Si vous la visitez, vous y lirez, sur un modeste monument, cette simple & glorieuse épitaphe : « Ci-gît Jean-Marie Pigeon (de la Seine), élève de cette école, tué à la défense du pont de Charenton, le 30 mars 1814. Priez pour son âme. »

En aval de l'arche marinière de l'ancien pont, les cataractes qui s'engouffraient dessous avaient creusé dans le sable un entonnoir d'une incalculable profondeur. « Par une nuit de brouillard, nous conta Gabriel, une diligence arrive au grand trot par la route de Maisons. Le postillon avait bien soupé; aussi comme il s'escrimait avec son fouet! On ne pouvait pas le voir, mais, au moins, on l'entendait : clic! clac! & les grelots des chevaux sonnaient, drelin! drelin! & les roues grondaient comme un tonnerre!... Mais voilà que, tout à coup, après un épouvantable fracas, on n'entend plus rien!

— Ah! mon Dieu! le pont s'était brisé sous le poids de la diligence?

LE SOLEIL COUCHANT

Vue prise au Confluent de la Marne & de la Seine.

Photographié par Ildefonse Rousset.

— Pas du tout. Le postillon n'avait pas songé que la route faisait un angle avec le pont, & galopant toujours tout droit, il avait passé par-dessus le parapet. Chevaux, voiture, voyageurs, conducteur, postillon, bâche & bagages entrèrent en bloc dans la Marne. Personne n'eut le temps de crier, de se plaindre, de faire une prière, de dire seulement : « Nous sommes perdus! » La maison roulante & ses habitants furent enfournés dans le gouffre, & on ne les a jamais revus. »

Aujourd'hui le gouffre est bouché. Au bas de l'ancien pont, qui était moitié en bois, moitié en pierre, était un énorme rocher, presque à fleur d'eau. Quand les ouvriers qui refaisaient le pont examinèrent de près ce prétendu rocher, ils découvrirent que c'était une vieille arche, écroulée du temps du roi Dagobert. Avec des cabestans, des chèvres & autres manivelles, ils la portèrent dans le trou où elle est actuellement. Le courant, que le nouveau pont a déplacé, a apporté pardessus cette arche des monceaux de sable ; un bas-fond existe aujourd'hui là où, suivant Gabriel, il y avait un trou sans fond.

L'*Hélioscaphe* glissa sans encombre sur la place où la diligence avait été engloutie. Il passa sous le pont du chemin de fer de Lyon, & atteignit en quelques instants le confluent de la Marne & de la Seine.

Il est question du village situé sur la rive droite, Conflans (*Confluentium*), dans une bulle d'Urbain II, datée de 1097. Le roi Jean y eut un haras auquel s'adjoignit bientôt une maison de campagne que Charles V & Charles VI habitèrent. Louis XI y termina la guerre du bien public par la signature d'un traité, & l'humiliation qui lui fut alors imposée lui rendit odieux ce domaine dont il abandonna la jouissance à Jean de Saint-Omer en 1481.

Nous nous arrêtons presque devant Conflans, & en montrant le promontoire qui sépare la rivière du fleuve, Gabriel, rendu facétieux par le plaisir d'avoir accompli dignement sa périlleuse mission, s'écrie d'un ton joyeux :

« Voici la bosse de Marne ! ce serait le moment de nous en donner une.

— Le jeu de mots est médiocre, répondit Rousset; mais l'intention est excellente. Et puis la nuit tombe; allons dîner!»

Je ne me le fais pas dire deux fois; je saute sur la berge; mais, à mon grand étonnement, en me retournant, j'aperçois Rousset immobile & en contemplation devant un nuage splendidement frangé par les dernières lueurs du soleil.

« Eh bien! lui dis-je, le dîner refroidit.

— Qu'il refroidisse, répond l'intrépide artiste; voilà un nuage que je ne retrouverai peut-être jamais.

Encore une photographie! »

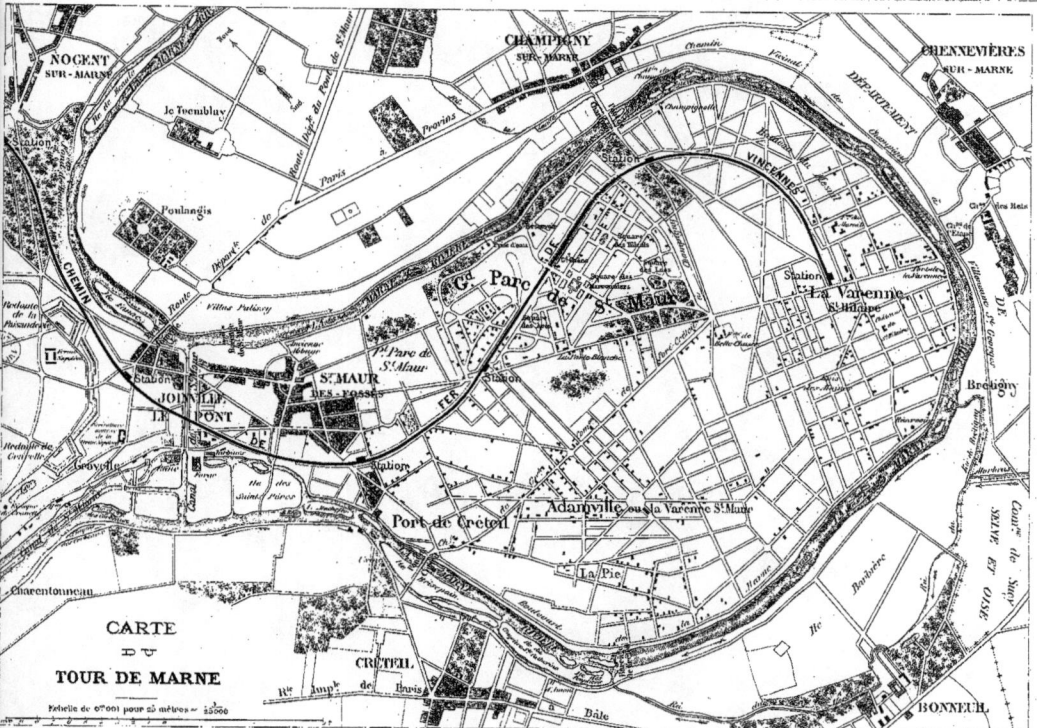

NOGENT
SUR-MARNE

CHAMPIGNY
SUR-MARNE

CHENNEVIÈRES
SUR-MARNE

VINCENNES

G^d Parc de St Maur

La Varenne
St Hilaire

Bretigny

St MAUR
DES-FOSSÉS

JOINVILLE
LE PONT

Port de Créteil

Adamville ou la Varenne St Maur

La Pie

CRÉTEIL

Dâle

BONNEUIL

CARTE
DU
TOUR DE MARNE

Échelle de 0^m 001 pour 25 mètres ~ 1/25000

Gravé par Régnier et Dourdet 3, Passage Ste Marie (R. au Bac), à Paris.

TABLES.

16

TABLE DES PHOTOGRAPHIES.

NOTA. Une série de photographies additionnelles pour *le Tour de Marne* se trouve chez GOUPIL.

www.ingramcontent.com/pod-product-compliance
Lightning Source LLC
Chambersburg PA
CBHW051743090426
42738CB00010B/2397